プリント形式のリアル過去問で本番の臨場感！

広島県
県立

広島叡智学園 中学校

2025年春 受験用

解答集

本書は，実物をなるべくそのままに，プリント形式で年度ごとに収録しています。
問題用紙を教科別に分けて使うことができるので，本番さながらの演習ができます。

■ 収録内容

・解答集（この冊子です）

　書籍ID番号，この問題集の使い方，最新年度実物データ，リアル過去問の活用，
　解答例と解説，ご使用にあたってのお願い・ご注意，お問い合わせ

・2024（令和6）年度 ～ 2019（平成31）年度　学力検査問題

JN132668

問題文などの非掲載につきまして

著作権上の都合により，本書に収録している過去入試問題の本文や図表の一部を掲載しておりません。ご不便をおかけし，誠に申し訳ございません。

○は収録あり	年度	'24	'23	'22	'21	'20	'19
■ 問題（適性検査）		○	○	○	○	○	○
■ 解答用紙		○	○	○	○	○	○
■ 配点							

全分野に解説
があります

注）問題文等非掲載:2024年度適性検査Bの1, 2023年度適性検査Bの1

教英出版

■ 書籍ID番号

入試に役立つダウンロード付録や学校情報などを随時更新して掲載しています。
教英出版ウェブサイトの「ご購入者様のページ」画面で，書籍ID番号を入力してご利用ください。

書籍ID番号 **105232**

（有効期限：2025年9月30日まで）

【入試に役立つダウンロード付録】
「要点のまとめ(国語／算数)」
「課題作文演習」ほか

■ この問題集の使い方

年度ごとにプリント形式で収録しています。針を外して教科ごとに分けて使用します。①片側，②中央のどちらかでとじてありますので，下図を参考に，問題用紙と解答用紙に分けて準備をしましょう（解答用紙がない場合もあります）。

針を外すときは，けがをしないように十分注意してください。また，針を外すと紛失しやすくなりますので気をつけましょう。

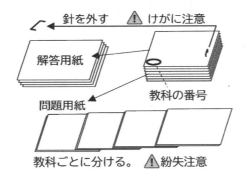

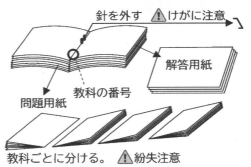

※教科数が上図と異なる場合があります。
解答用紙がない場合や，問題と一体になっている場合があります。
教科の番号は，教科ごとに分けるときの参考にしてください。

■ 最新年度 実物データ

実物をなるべくそのままに編集していますが，収録の都合上，実際の試験問題とは異なる場合があります。実物のサイズ，様式は右表で確認してください。

問題用紙	A4冊子(二つ折り)
解答用紙	A3片面プリント

リアル過去問の活用

~リアル過去問なら入試本番で力を発揮することができる~

❀ 本番を体験しよう！

問題用紙の形式（縦向き / 横向き），問題の配置や余白など，実物に近い紙面構成なので本番の臨場感が味わえます。まずはパラパラとめくって眺めてみてください。「これが志望校の入試問題なんだ！」と思えば入試に向けて気持ちが高まることでしょう。

❀ 入試を知ろう！

同じ教科の過去数年分の問題紙面を並べて，見比べてみましょう。

① 問題の量

毎年同じ大問数か，年によって違うのか，また全体の問題量はどのくらいか知っておきましょう。どのくらいのスピードで解けば時間内に終わるのか，大問ひとつにかけられる時間を計算してみましょう。

② 出題分野

よく出題されている分野とそうでない分野を見つけましょう。同じような問題が過去にも出題されていることに気がつくはずです。

③ 出題順序

得意な分野が毎年同じ大問番号で出題されていると分かれば，本番で取りこぼさないように先回りして解答することができるでしょう。

④ 解答方法

記述式か選択式か（マークシートか），見ておきましょう。記述式なら，単位まで書く必要があるかどうか，文字数はどのくらいかなど，細かいところまでチェックしておきましょう。計算過程を書く必要があるかどうかも重要です。

⑤ 問題の難易度

必ず正解したい基本問題，条件や指示の読み間違いといったケアレスミスに気をつけたい問題，後回しにしたほうがいい問題などをチェックしておきましょう。

❀ 問題を解こう！

志望校の入試傾向をつかんだら，問題を何度も解いていきましょう。ほかにも問題文の独特な言いまわしや，その学校独自の答え方を発見できることもあるでしょう。オリンピックや環境問題など，話題になった出来事を毎年出題する学校だと分かれば，日頃のニュースの見かたも変わってきます。

こうして志望校の入試傾向を知り対策を立てることこそが，過去問を解く最大の理由なのです。

❀ 実力を知ろう！

過去問を解くにあたって，得点はそれほど重要ではありません。大切なのは，志望校の過去問演習を通して，苦手な教科，苦手な分野を知ることです。苦手な教科，分野が分かったら，教科書や参考書に戻って重点的に学習する時間をつくりましょう。今の自分の実力を知れば，入試本番までの勉強の道すじが見えてきます。

❀ 試験に慣れよう！

入試では時間配分も重要です。本番で時間が足りなくなってあわてないように，リアル過去問で実戦演習をして，時間配分や出題パターンに慣れておきましょう。教科ごとに気持ちを切り替える練習もしておきましょう。

❀ 心を整えよう！

入試は誰でも緊張するものです。入試前日になったら，演習をやり尽くしたリアル過去問の表紙を眺めてみましょう。問題の内容を見る必要はもうありません。どんな形式だったかな？受験番号や氏名はどこに書くのかな？…ほんの少し見ておくだけでも，志望校の入試に向けて心の準備が整うことでしょう。

そして入試本番では，見慣れた問題紙面が緊張した心を落ち着かせてくれるはずです。

※まれに入試形式を変更する学校もありますが，条件はほかの受験生も同じです。心を整えてあせらずに問題に取りかかりましょう。

《解答例》

① 1．［改善する項目／どのように改善するか／理由］［ブラックバスの調査する場所／公園内の池にする。／池の中と外でブラックバスの出入りがないから。］，［アメリカザリガニの調査する時期／1回目を5月9日，2回目を5月12日にする。／1回目と2回目の間に卵を産み，卵がかえる時期があるから。］，［ミシシッピアカミミガメの調査範囲／川の100mの範囲にする。／1回目と2回目で同じ範囲で捕獲する必要があるから。］，［ミシシッピアカミミガメの調査する時期／1回目を8月22日，2回目を8月24日にする。／1回目と2回目の間に卵がかえる時期があるから。］などから2組

2．（ブラックバスを選んだ場合の解答例）　生き物のおよその数…80　理由…1回目につかまえて目印をつけた生き物が調査した場所全体に散らばったとすると，1回目につかまえた数と調査した場所全体の生き物の数の比は，2回目につかまえた数のうち目印のあるものの数と2回目につかまえた数の比に等しいと考えられる。つまり，ブラックバスでは，12：（生き物の数）＝2：14となるから，（生き物の数）＝$\frac{12 \times 14}{2}$＝84→80匹と求められる。

② 1．ア．1におもり1個，5におもり1個，6におもり2個　イ．30×4＋20×3　ウ．10×1＋10×5＋20×6

2．下図　考えの説明…持ち手を棒の右はしから40cmの位置につけて，棒の右はしにかごをつけると，棒を左にかたむけるはたらきは80×40＝3200，棒を右にかたむけるはたらきは40×20＋60×40＝3200となり，つりあうとわかる。したがって，0gのものをはかるとき，200gのおもりは持ち手の真下につるせばよい。また，はかるものの重さを100g増やすと，棒を右にかたむけるはたらきが100×40＝4000大きくなるから，200gのおもりの位置を左に4000÷200＝20(cm)移動させればよい。よって，はかるものの重さが0g，100g，200g，300g，400gとなるとき，200gのおもりの位置は持ち手から左に0cm，20cm，40cm，60cm，80cmとすればよい。

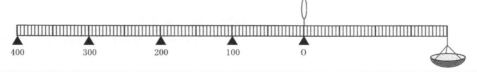

《解　説》

① 2　生き物のおよその数は，アメリカザリガニが$\frac{35 \times 54}{15}$＝126→130匹，ミシシッピアカミミガメが$\frac{39 \times 44}{6}$＝286→290匹である。

② 1　解答例の他にも，1に2個と5に2個と6に1個，3～6に1個ずつ，1に1個と2に1個と5に3個，2に2個と4に1個と5に2個，3に3個と4に1個と5に1個など，おもりの数が5個以下で1～5の3か所以上につるして，右のうでをかたむけるはたらきが180になればよい。

2　解答例の他にも，持ち手とおもりの位置を示す図は下図でもよい。

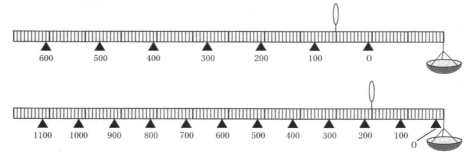

《解答例》

1　1．【1】と【2】は，読者への問いかけで始まる点が同じである。この工夫には，筆者がこれから言おうとすることについて，読者が問題意識を持ったり，自分のことをふり返って考えたりしながら読み進めることができるという効果がある。【1】は，前半で問いかけを続け，後半で筆者の考えを述べている。読者は，次第に深まる問いに導かれて自分を深くかえりみることができ，筆者の考えを理解する土台をつくることができる。【2】は，最初の問いの直後に「答えようがない」と示すことで，読者の共感をさそっている。その上で「ほんとうに見えないのであろうか」と，詩の本題に導く問いかけをする。この工夫によって，以降で示される「見える」ということが，より深く読者の印象に残る。

2．〈作文のポイント〉

・最初に自分の主張，立場を明確に決め，その内容に沿って書いていく。

・わかりやすい表現を心がける。自信のない表現や漢字は使わない。

さらにくわしい作文の書き方・作文例はこちら！→https://kyoei-syuppan.net/mobile/files/sakupo.html

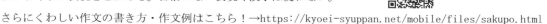

2　1　2．〈作文のポイント〉参照。

《解　説》

1　著作権上の都合により文章を掲載しておりませんので，解説も掲載しておりません。ご不便をおかけし，誠に申し訳ございません。

2　他の地域から大崎上島町への移住を促進するための魅力を提供することを考える。資料2からは，人口減少が進み，一世帯当たりの人数が減少していることが読み取れる。資料3からは，35年間で少子高齢化が進行していることが読み取れる。資料4からは，高齢者が農業に携わる中，製造業や宿泊業などに就く64歳以下の人々が多いことが読み取れる。資料5からは，大崎上島町は冬でも比較的温暖で雨も少ないことが読み取れる。資料6からは，それぞれの地方自治体の魅力あるまちづくりの例が読み取れる。例えば③「地域の特長を活かして仕事と産業を育てるしごとづくり」と資料4と資料6を選んだ場合，大崎上島町の主な産業には農業や宿泊業があることから，ブルーベリーやみかんなどの果物狩り体験と宿泊を合わせたグリーンツーリズムの推進などが考えられる。

《解答例》

1

【1つ目のチーム】		
選手番号	性別	記録(秒)
5	女	8.8
6	男	6.2
7	女	6.8
9	男	9.2
チームの記録(秒)		31

【2つ目のチーム】		
選手番号	性別	記録(秒)
1	男	8.9
4	男	6.5
8	女	8.1
12	女	7.8
チームの記録(秒)		31.3

【3つ目のチーム】		
選手番号	性別	記録(秒)
2	男	7.1
3	女	8.5
10	男	6.9
11	男	8.3
チームの記録(秒)		30.8

2　表…

1回目	2回目	3回目	4回目	5回目	6回目	7回目	8回目	9回目	10回目
D(4)	A(10)	C(144)	D(4)	A(10)					

求め方…星形正五角形の大きさは問わないとあるので，ここでは1回に引く直線の長さ(図1のEGと同じ長さ)を10cmとして考える。図1の星形正五角形において，●の角度はすべて等しく，三角形の1つの外角は，これととなり合わない2つの内角の和に等しいから，角EJK＝角EGI＋角GIF＝●×2である。角EKJも同様にして●×2だから，三角形EJKの内角の和は●＋●×2＋●×2＝●×5となり，これが180°だから，●＝180°÷5＝36°である。よって，180°－36°＝144°より，図2のように右に144°回転させればよい。したがって，10cmの直線を引いてから右に144°回転する命令を4回くり返した後，10cmの直線を引けば星形正五角形になる。

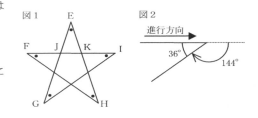

図1
図2　進行方向　36°　144°

3　1．明里さんの予想についての考察　用いる【図】の記号…あ，い，う　考察…電池の数を1個から2個に増やして直列につなぐと，発生する熱の量は電池1個のときの4倍になるが，電池の数を1個から2個に増やして並列につないでも，発生する熱の量は電池1個のときと変わらない。

光太さんの予想についての考察　用いる【図】の記号…あ，え，お　考察…電熱線の数を2本に増やして並列につなぐと，発生する熱の量は電熱線1本のときの2倍になるが，電熱線の数を2本に増やして直列につなぐと，発生する熱の量は電池1個のときの半分になる。

2．太さ(断面積)…0.2　長さ…15　予想した水の温度の変化…16　予想した理由…資料4の明里さんがつくった電熱線と実験の結果より，発生する熱の量は電熱線の太さに比例すると考えられる。また，光太さんがつくった電熱線と実験の結果より，発生する熱の量は電熱線の長さに反比例すると考えられる。これらのことを使って，電熱線の太さが0.1㎟，長さが30cmのときに水の温度の変化が2℃になることを基準にして計算すると，電熱線の太さが0.2㎟，長さが15cmのとき，水の温度の変化は $2 \times \dfrac{0.2}{0.1} \times \dfrac{30}{15} = 8$（℃）と求めることができるから。

《解　説》

1　男子と女子を分け，記録の速い順に並べると右表のようになる。

3つのチームをA，B，Cとして，男子は7人，女子は5人だから，AとBを男女2人ずつ，Cを男子3人，女子1人で作る。

まず，男子7人のうち，Aに1番目と7番目，Bに2番目と6番目，Cに3番目と5番目の生徒をそれぞれ割り振り，余った4番目の男子

男子の50m走の記録(秒)							
選手番号	6	4	10	2	11	1	9
記録	6.2	6.5	6.9	7.1	8.3	8.9	9.2

女子の50m走の記録(秒)					
選手番号	7	12	8	3	5
記録	6.8	7.8	8.1	8.5	8.8

をCに割り振る。女子5人と4番目の男子の記録を比べると，4番目の男子は6人中2番目だから，Aに女子の1番目と5番目，Cに女子の4番目，Bに女子の2番目と3番目を割り振る。

以上により，全体の平均に近い割り振りになるので，それぞれのチームの記録を求め，最大値と最小値の差が0.5秒より大きければメンバーを入れかえて調整すればよい。

上記の割り振りの場合，Aの記録は $6.2+9.2+6.8+8.8=31$（秒），Bの記録は $6.5+8.9+7.8+8.1=31.3$（秒），Cの記録は $6.9+8.3+7.1+8.5=30.8$（秒）だから，最大値と最小値の差は $31.3-30.8=0.5$（秒）となり，メンバーの入れかえは行わなくてよい。したがって，選手番号は1つ目のチームは5，6，7，9，2つ目のチームは1，4，8，12，3つ目のチームは2，3，10，11となる。

また，解答例以外でも，例えば，1つ目のチームは6，8，9，12，2つ目のチームは2，3，4，5，3つ目のチームは1，7，10，11，のように，男子2人と女子2人のチームが2チームと男子3人と女子1人のチームが1チームできて，一番速いチームの記録と一番遅いチームの記録の差が0.5秒以内になればよい。

2 星形正五角形の大きさは問わないので，辺の長さは自由に定めればよい。星形正五角形の等しい5つの鋭角の大きさの求め方を説明し，回転する角度を求めること。また，命令を入力する回数は10回以内であるから，同じ命令はD（）を用いて入力の回数を少なくすること。条件を満たしていれば他の説明でもよい。

3 1 ある条件について調べたいときは，その条件だけが異なる実験の結果を比べる。明里さんの予想についての考察ではかん電池の数だけが異なる（電熱線の数とつなぎ方が同じ）あ，い，うの結果を比べると，5分後の水の温度はあが $28.8-25.2=3.6$（℃），いが $39.6-25.2=14.4$（℃），うが $28.7-25.1=3.6$（℃）上がっているとわかる。以下の解説では，水の上昇（じょうしょう）温度が発生する熱の量と考える。このことから，電池の数を2個に増やしていのように直列につなぐと，発生する熱の量は電池1個のときの $14.4÷3.6=4$（倍）になるが，電池の数を2個に増やしてうのように並列につないでも，発生する熱の量は電池1個のときと変わらないと考えられる。あ，い，うのかわりにえ，か，くまたはお，き，けの結果を比べても同様の結果になる。また，光太さんの予想についての考察では電熱線の数だけが異なるあ，え，おの結果を比べると，5分後の水の温度はあが 3.6℃，えが $26.7-24.9=1.8$（℃），おが $32.1-24.9=7.2$（℃）上がっているとわかる。このことから，電熱線の数を2本に増やしておのように並列につなぐと，発生する熱の量は電熱線1本のときの $7.2÷3.6=2$（倍）になるが，電熱線の数を2本に増やしてえのように直列につなぐと，発生する熱の量は電池1個のときの $1.8÷3.6=0.5$（倍）になると考えられる。あ，え，おのかわりにい，か，きまたはう，く，けの結果を比べても同様の結果になる。

2 資料4の明里さんがつくった電熱線と実験の結果より，5分後の水の温度は電熱線の太さが 0.1㎟のとき $27.3-25.3=2$（℃），0.2㎟のとき $29.2-25.2=4$（℃），0.3㎟のとき $31.1-25.1=6$（℃），0.6㎟のとき $37.1-25.1=12$（℃）上がっているとわかる。このことから，電熱線の太さが2倍，3倍…になると，水の上昇温度も2倍，3倍…になり，発生する熱の量は電熱線の太さに比例すると考えられる。また，資料4の光太さんがつくった電熱線と実験の結果より，5分後の水の温度は電熱線の長さが 5cmのとき $37.1-25.1=12$（℃），10cmのとき $31.1-25.1=6$（℃），20cmのとき $27.9-24.9=3$（℃），30cmのとき $26.8-24.8=2$（℃）上がっているとわかる。このことから，電熱線の長さが2倍，3倍…になると，水の上昇温度は $\frac{1}{2}$ 倍，$\frac{1}{3}$ 倍…になっており，発生する熱の量は電熱線の長さに反比例すると考えられる。よって，電熱線の太さが 0.1㎟，長さが 30cmのときに水の温度の変化が2℃になることを基準にし，発生する熱の量は電熱線の太さに比例し，長さに反比例することを使って，水の温度の変化を予想することができる。解答例の他に，太さを 0.3㎟，長さを 6cmにすると，水の温度変化は $2×\frac{0.3}{0.1}×\frac{30}{6}=30$（℃）となるなど，多くの組み合わせが考えられる。計算しやすい数値の組み合わせを考えよう。

《解答例》

1　(例文)この広告で最初に目に入ったのは，「つながる。」の部分である。大きな文字で上の方に書かれているので，この部分が最も目立つ。もし，常磐線の全線運転再開を知らせるだけでよいのであれば，この部分に「全線運転再開」などと書いたはずである。また，左上には，「明日へのチケット」という意味の英語表記がある。私はこれらの表現の工夫から，全線運転再開がよりよい未来へとつながるというメッセージを読み取った。全線運転再開という明るいニュースは，この地域に住む人たちに希望をあたえたと思う。この地域は，原子力発電所の事故の影響で復興が大きくおくれている。鉄道が復旧することで，人の移動が便利になり，経済活動も活発になって，この地域に活気がもどるだろう。こうした未来への希望が，「復興への新しいスタート」や「希望を乗せて，列車は再び走り出します」という部分から伝わってくる。

2　選んだ資料の番号…4，5　課題…海岸に漂着した人工ごみのうち，プラスチックの占める割合は，重量・割合ともに増加し，全体に占める割合は50%をこえています。プラスチックごみは，自然に分解されにくく，波や砂で砕かれてマイクロプラスチックとなると，魚やウミガメなどの体内に取り込まれ，その影響で魚やウミガメが死んだり，魚を食べる人間にも悪影響が出たりします。海洋環境を守るためにもプラスチックごみを減らす必要があります。　解決策…今まで廃棄物をできるだけ出さないようにし，再生利用する政策を1990年代に行ってきましたが，家庭ごみの量は減りませんでした。それが2000年代に3Rを推進し始めると，家庭ごみの量は明らかに減ってきました。20世紀に行ってきた政策を21世紀になって強化したことも効果があったと思います。諸外国と比べて，日本はプラスチック包装容器の一人あたりの排出量が多いので，レジ袋やペットボトルの使用を減らすための取り組みを強化すればよいと思います。有料レジ袋に加え，マイバックやマイボトルの持参で，どのお店でも割引やポイント還元が受けられるようにするなど，国が支援して積極的にキャンペーンを行えば，もっと多くの人がマイバッグやマイボトルを利用するようになると思います。

《解　説》

1　著作権上の都合により資料を掲載しておりませんので、解説も掲載しておりません。ご不便をおかけし、誠に申し訳ございません。

2　資料1からは，日本では1960年代以降に公害が問題となって対策が行われ始め，20世紀にはさまざまな取り組みが行われてきたこと，21世紀に入ると，それまでに行われてきた取り組みを強化させ，循環型社会の形成を意識した取り組みが行われるようになったことが読み取れる。資料2からは，1960年代以降，家庭ごみの量が急速に増加しており，2000年代にピークとなって，以降，ゆるやかながらも減り続けていることが読み取れる。これらのことを踏まえ，これまでに行われてきた廃棄物などへの取り組みや，身近な家庭ごみの量などについて着目し，社会や環境に与える影響などを盛り込みながら，解決策を考えよう。解答例では，資料4，資料5から読み取れることをもとに，家庭から出るごみの中で，特にプラスチックごみについて着目し，プラスチックごみが与える持続可能な社会の実現への悪影響や，プラスチックごみを減らすための具体的な解決策を書いた。資料3からは，ごみ処理施設において，ごみ焼却の熱を使って発電を行ったり，ごみ発電施設でつくった電力でお湯をわかし，足湯を設けたりするなどして，最終処分量をゼロにするためのさまざまな取り組みが行われていることが読み取れる。

《解答例》

1　1．表…

	果物A		果物B	
1袋に入っている個数	3個	5個	3個	4個
買う必要がある袋の数	2 袋	7 袋	袋	9 袋

求め方…Aのジュースをつくりたい人と予備の1人分，合わせて12＋1＝13(人分)のために必要なAの個数は，

180×13÷75＝31 余り 15 より，32 個である。

Bのジュースをつくりたい人と予備の1人分，合わせて18＋1＝19(人分)のために必要なBの個数は，

180×19÷100＝34 余り 20 より，35 個である。

A5個入りを7袋とB4個入りを9袋買って，Aのジュース13人分とBのジュース19人分をつくると，

Aが75×5×7－180×13＝285(mL)，Bが100×4×9－180×19＝180(mL)

余る。このとき残りの予算は，10000－560×7－580×9＝860(円)となる。

さらにA3個入りを2袋買うと，Aのジュースを，(285＋75×3×2)÷180＝

4余り15より，4人分つくることができ，Bのジュースはさらに1人分つ

くることができるので，どちらでもよいという5人分のジュースができる。

予算は残りが860－360×2＝140(円)となるので，予算内におさまる。

2．右図

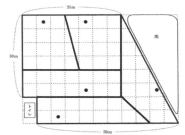

2

花の種類	色	プランターを並べる時期，その時期に並べるプランターの個数											
		4月	5月	6月	7月	8月	9月	10月	11月	12月	1月	2月	3月
A	黄	← 10個 →							←			15個 →	
	青	← 8個 →						←		8個		→	
B	黄												
	オレンジ	← 15個 →											
C	ピンク			← 13個 →									
	オレンジ			← 10個 →									
D	黄				←		15個		→				
E	ピンク												
	白												
F	白								←	10個		→	
G	赤												
	ピンク												
	白		←		10個		→						
H	赤			←	8個		→						

考え方…A，B，C，Dはア，イ，ウ，エのどこにでも並べることができ，E，Fはアのみに並べることができ，

G，Hはアかイに並べることができる。アとエには8÷0.8＝10(個)ずつ，イには6.4÷0.8＝8(個)，ウには

4÷0.8＝5(個)並べる。さいている花の種類が少ない6月中旬〜下旬と11月の花を先に決める。6月中旬〜下旬

はCとGしかさいていないので，Cのピンクとオレンジ，Gの白にする。11月上旬〜中旬はDの黄とFの白とHの

赤に決まる。11月中旬〜下旬はA，D，Fしかさいていないので，Aの青とDの黄とFの白にする。その他の季節

はさいている花の種類が多いので，ある程度自由に決められる。

《解 説》

1 1 まず，どの袋を買うと1個あたりの値段が低くなるのかを計算しておく。1個あたりの値段は，A3個入りの袋が 360÷3＝120（円），A5個入りの袋が 560÷5＝112（円），B3個入りの袋が 450÷3＝150（円），B4個入りの袋が 580÷4＝145（円）だから，たくさん入っている袋の方が割安である。したがって，A5個入りとB4個入りの袋をなるべく多く買い，最後の調整に3個入りの袋を買うとよい。解答例以外の組み合わせだと予算をオーバーしてしまうので，条件に合う組み合わせは1通りだけである。

2 5つに分けてできる四角形の各頂点の位置について説明が特にないが，マス目の頂点の位置に四角形の頂点がくるようにした方がよいであろう。

広場全体の面積は，（7＋11）×8÷2－2×1＝70（マス）ぶんだから，各グループの面積が，70÷5＝14（マス）ぶんになればよい。3グループぶんの面積は 14×3＝42（マス）ぶんとなり，42＝6×7だから，広場全体の左上に縦6マス，横7マスの長方形をとる。あとは 42マスの長方形を3等分，もう一方を2等分すればよい。

1マスの縦と横の長さを1とすると，面積が14マスぶんの四角形は，正方形か長方形か平行四辺形の場合，（底辺）×（高さ）が 1×14か2×7になり，台形の場合，｛（上底）＋（下底）｝×（高さ）が 1×28か2×14か4×7 となればよい。

2 解答例の考え方にあるように，6月中旬～下旬と11月の花をまず決めるとよい。

解答の表に並べる場所（ア～エ）をかき加えると，以下のようになる。

花の種類	色	プランターを並べる時期，その時期に並べるプランターの個数											
		4月	5月	6月	7月	8月	9月	10月	11月	12月	1月	2月	3月
A	黄	ア 10個 →→								ウエ	15個 →→		
	青	←イ 8個							← イ	8個			
B	黄												
	オレンジ	ウエ 15個 →→											
C	ピンク			←イウ 13個→									
	オレンジ			エ 10個→									
D	黄				←ウエ 15個 →→								
E	ピンク												
	白												
F	白								←ア 10個 →→				
G	赤												
	ピンク												
	白			←ア 10個 →→									
H	赤				←イ 8個 →→								

《解答例》

[1] （例文）

　子どもが母国語を学習し始めるときには、「ことば」が何であるかをまだ知らない。「ことば」が意味を伝える記号であることを子どもが理解するためには、「これは何かを伝えようとしているのではないか？」という問いを、自身で立てなければならない。筆者が伝えたいのは、これがすべての学びの根源にある問いかけであり、この問いを、問うもの自身が発する以外にないことが「学びの主体性」だということである。私は、インターネットでニュースを見るときに、そのニュースを見た人たちが書いたコメントを読むことがある。同じニュースを見ているはずなのに、コメントを書いた人たちの着眼点はかなり異なっている。その原因は、コメントを書いた人たちが、それぞれ異なる問いを立てたからだと考えられる。筆者が言うように、学びは主体的なものであり、伝えようとする相手から何を学び、何を学べないのかは、学ぶ側の問いの発し方にかかっていると思う。

[2] （1、2、3、4の例文）

課題…

　資料1と資料4を見ると、先進国では消費段階での食品ロスが大量に発生しており、とくに一般家庭からの量が多いことがわかる。その一方で、資料2と資料3を見ると、世界では途上国を中心に八億人以上が十分な量の食べ物を食べられておらず、飢餓人口の多いアジア州やアフリカ州の人口は今後も増える見通しである。以上のことから、先進国が途上国から輸入している食品の量を減らし、途上国で飢餓に苦しむ人々に食べ物が届くようにする必要がある。

解決策…

　先進国の食品ロスを減らしつつ、途上国の食料供給量を満たす社会を実現するためには、先進国が食べきれる適量分を途上国から輸入するように変えなければならない。先進国の人々が食品の買いすぎや食べ残しをなくすことを心がければ、一般家庭から出される食品ロスや、先進国の食料供給量を減らすことができる。その結果、途上国では輸出しない分の食品を国内で消費できるようになるので、飢餓に苦しむ人々に食べ物が行き渡るようになる。

《解　説》

[1] この文章は、「子どもが母国語を学習するときのこと」を説明しながら、「学び」というものについて述べている。「ことば」とは何かを知らない子どもは、「ことばの規則」そのものを知らないままに、「ことばの中に投げ込まれ」る。子どもは、まわりの人々の発する「意味不明の音声（＝ことば）について、『これは何かを伝えようとしているのではないか？』という問いを」立て、それらの音声が「意味を伝える記号」であることを理解する。「これがすべての学びの根源にある問いかけ」であり、「学ぶことの全工程はこの問いを発することができるかどうかにかかって」いる。そして、この問いは「問うもの自身が発する以外には」なく、誰かが代わりに「この問いを発することはでき」ない。このことを、筆者は「学びの主体性」と呼んでいる。

[2] 資料1からは、北アメリカ州やヨーロッパ州などの先進国が多い地域では、消費段階での食品ロスが一人当たり年間 100 kg 以上になることが読み取れる。資料4からは、日本の食品ロスは年間 600 万トンもあり、その内一般家庭からの発生量が $276 \div 600 \times 100 = 46（\%）$ と半分近くを占めることが読み取れる。以上のことから、先進国の家庭で

は，食べられる食品を大量に捨ててしまっていることが導きだせる。一方，資料2と資料3からは，アジア州やアフリカ州などの途上国が多い地域では，十分に食べ物を食べられていない人が7億7000万人もいること，それらの地域では今後も人口が増え続けるので，飢餓人口がさらに増えていく見通しであることが読み取れる。以上のことから，世界では，先進国で食品が余っているにもかかわらず，途上国で食品が不足しているアンバランスな状態になっていることが課題として導きだせる。先進国が途上国からの食品の輸入量を減らす対策には，資料5のフードバンクを活用することで，先進国の中で食べ物を再利用することなども考えられる。

《解答例》

1 A. 布② B. 図1

C.

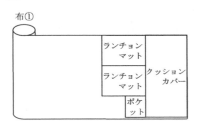

布①

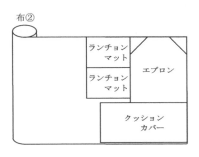

布②

布②からはエプロンとクッションカバー1枚とランチョンマット2枚を切り分け，布①からはエプロンのポケットとクッションカバー1枚とランチョンマット2枚を切り分ける。

エプロンは布②から図1の向きでとるので，エプロンの下に 134−82＝52（cm）の空きができるから，クッションカバーの縦の長さが入る。エプロンの縦の長さの 82 cmと，ランチョンマットの縦の長さの2倍の 38×2＝76（cm）では，エプロンの縦の長さの方が長いので，ランチョンマット2枚を横向きにしてエプロンの左側からとることができる。したがって，布②は左の図のようになる。

布①では，クッションカバーを縦向きにして布の右上の角に合わせると，下に 105−104＝1（cm）しか空きができない。布①の縦の長さの 105 cmと，ランチョンマットの横の長さの2倍の 53×2＝106（cm）では，ランチョンマットの横の長さの2倍の方が長いので，ランチョンマットは横向きに2枚とし，その下の空いているスペースからエプロンのポケットをとる。したがって，布①は左の図のようになる。

D. 110　E. 130　F. 式…$700×\dfrac{110}{100}+800×\dfrac{130}{100}＝1810$　代金…1810

2

〔家族の計画表〕

	お父さん	お母さん	あかり
7:30	レ収	レ収	レ収
8:00	↓	↓	↓
8:30	ト収	ト収	↓
9:00	↓	↓	↓
9:30	レ仕	↓	ト収
10:00	↓	↓	↓
10:30	↓	↓	↓
11:00	↓	↓	↓
11:30	昼休憩	昼休憩	昼休憩
12:00	↓	↓	↓
12:30	↓	↓	↓
13:00	レ出	ブ収	ト収
13:30	↓	↓	↓
14:00	ト仕	↓	ブ収
14:30	↓	↓	↓
15:00	↓	ブ仕	ブ仕
15:30	↓	↓	↓
16:00	ト出	↓	↓
16:30	↓	↓	↓
17:00	↓	↓	↓

《解 説》

1 　2種類の布の使い方の条件から，一方の布からはエプロン，クッションカバー1枚，ランチョンマット2枚を切り分け，もう一方の布からはエプロンのポケット，クッションカバー1枚，ランチョンマット2枚を切り分けることになる。切り分けるもののちがいはエプロンかエプロンのポケットかだけだから，幅のある A 布②からエプロンをとる。布の代金を低くするために布の長さをなるべく短くしたいので，図1と図2のどちらの置き方がむだがないかを考える。図1ならばエプロンの下に 134－82＝52(cm) の空きができ，クッションカバーの縦の長さを入れると，空きは 52－50＝2(cm) となる。図2ならばエプロンの下に 134－68＝66(cm) の空きができ，ここにランチョンマットの縦の長さを2枚分入れることはできないので，B 図1 の置き方の方がむだがない。したがって，布②の切り分け方は解答例のようになる。布①でも同様にむだが少ない置き方を考えると，解答例のようになる。

以上の置き方で布①の必要な幅は，50＋53＝103(cm) だから，布①は D 110 cm 注文する。

布②の必要な幅は，68＋53＝121(cm) だから，布②は E 130 cm 注文する。

よって，代金は，F $700×\dfrac{110}{100}+800×\dfrac{130}{100}=1810$(円) となる。

なお，解答例以外の切り分け方でも代金を2000円以内におさめることができるが，問題の条件にはないものの，なるべく代金を低くした方がよいであろう。

2 　以下の解説では，解答と同じ省略した書き方を用いる。

「レ出」が13時，「ト出」が16時からだから，「レ仕」は13時までに，「ト仕」は16時までに終えなければならない。したがって，全体の流れとしては，レモン→トマト→ブルーベリーの順に片づけていく。

1日の作業時間は午前と午後が4時間ずつだから，合計8時間である。お父さんは，8時間のうちお父さんのみが行うことができる作業，つまり「レ仕」「レ出」「ト仕」「ト出」に 20÷10＋1＋8÷4＋1＝6(時間) とられるから，その他の作業ができる時間は 8－6＝2(時間) である。この2時間は，お父さんが他の2人よりも効率よく作業ができる「ト収」か「レ収」にするとよい。また，お母さんは「ブ収」をあかりさんより効率よくできるので，お母さんはあかりさんよりも早く「ブ収」にとりかかった方がよい。

以上のことを考えながら作業の計画を作る。なお，解答例以外にも，例えば右のような計画など，いくつかの計画を立てることができる。

〔家族の計画表〕

	お父さん	お母さん	あかり
7:30	レ収	レ収	レ収
8:00	↓	↓	↓
8:30		ト収	ト収
9:00	ト収	↓	↓
9:30	レ仕		
10:00	↓		
10:30			
11:00			
11:30	昼休憩	昼休憩	昼休憩
12:00			
12:30	↓	↓	↓
13:00	レ出	ブ収	ト収
13:30	↓	↓	↓
14:00	ト仕		ブ収
14:30	↓		↓
15:00		ブ仕	ブ仕
15:30	↓	↓	↓
16:00	ト出		
16:30	↓	↓	↓
17:00			

《解答例》

1 （例文）

　二十世紀の言葉の国際化は、言葉のローカル性や、精神や文化を破壊する役割をはたしてしまった。筆者は、「言葉は本質的にローカルなものである」ということを認識する必要があるということを伝えたいのだと思う。

　私は広島弁が好きだ。「おはようがんす」とあいさつを交わすと心が温まる。しかし、まだ方言を使うのかと笑われた経験がある。方言を使うのはお年寄りくらいになり、地方に住んでいても、あたりまえのように標準語が使われる。「標準語こそが正しい日本語」という考えが広まり、方言をはずかしがったりばかにしたりする風潮が生まれている。しかし、全国各地にみ力的な言葉があり、それを基ばんにした精神や文化、歴史が残っている。それらをけい承していくためには、「言葉は本質的にローカルなものである」ということをもっと多くの人が認識しなければならないと思う。

2 （1，4，5，6の例文）

課題…

　資料4を見ると、世界の水の需要は二〇〇〇年から二〇五〇年にかけて一・五倍になり、生活用水などが増える予測であることがわかる。資料5を見ると、一人一日あたりの生活用水は、アジア州やアフリカ州などの人口が多い地域で増える見通しであることがわかる。しかし、資料6を見ると、きれいな水をすぐに飲めない環境の人が世界中に二十一億人ほどいることがわかる。それにもかかわらず、日本では、飲み水以外でも水をたくさん使用しているので、これらの生活用水の使用量を減らして、世界中の人々にきれいな飲み水が行き渡るようにする必要がある。

解決策…

　各家庭で生活用水の使用量を減らすためには、節水を心がけることが重要である。歯を磨くときや顔を洗うとき、食器を洗うときにこまめにじゃ口を閉めたり、少ない量の水で洗たくができる洗ざいを選んだりすることで、生活用水のむだづかいを抑えることができる。また、おふろの残り湯を洗たくに使うことで、水を再利用することもできる。一人一人がこのような節水を意識した行動をとれば、使う水の量を減らしていくことができ、世界中の人々にきれいな水を届けられるだろう。

《解　説》

1 この文章の最初の3段落では、言葉と思考、コミュニケーションの関係を説明している。4段落目では、「言葉は本質的にローカルなものである」ことを説明した上で、それを否定することの意味について述べている。最後の2段落では、4段落目までの内容をふまえた上で、「二十世紀とは、言葉を破壊してきた時代」であり、「言葉の国際化は、言葉のローカル性や、そこに付着している精神や文化、時間を認めあう方向へはすすまず」、特定の言葉が「支配権を確立し、風土とともにあった精神や文化を破壊する役割をはたしてしまった」と述べている。文章全体を通して、筆者は「言葉のローカル性」について認識することの大切さを伝えている。

2 資料4と資料5からは，世界の水需要が今後増えていく見通しであると読み取れる。資料6からは，2017 年時点で総人口の 29%は水質が改善された水をすぐに飲めないため，75×0.29＝21.75（億人）はきれいな飲み水をすぐに飲めない環境であると読み取れる。以上のことから，きれいな飲み水を飲めない人が今後も増えていくと導きだせる。一方，資料1からは，日本の一般家庭における1人1日あたりの生活用水使用量は836÷4＝209（L）で，アジア州

の平均よりも多いことから，むだづかいが多いと導きだせる。生活用水の使用量を減らす解決策には，おふろのお湯の量を減らしたり，米のとぎ汁や野菜のゆで汁を食器洗いやガーデニングの水やりに再利用したりすることなども考えられる。解答例のほか，資料2と資料3から，牛肉・ぶた肉・小麦粉などの農畜産物や，パソコン・自動車などの工業製品の生産に多くの水が使用されていることに着目し，それらを多く輸入する日本では，間接的に海外の水資源も多く輸入しており，仮想水(バーチャルウォーター)が多いという課題を導きだしてもよい。

《解答例》

①

	1日目	2日目	3日目	4日目	5日目	6日目
日にち	7／27(月)	7／28(火)	7／29(水)	7／30(木)	7／31(金)	8／1(土)
予定	サッカー	バスケットボール バレーボール	観光	観光	トライアスロン ボート	ラグビー

チケット代の合計…83700　宿泊代の合計…66000　合計…149700

② [(1)で英夫くんを選んだ場合] (2)あ (3)う (4)け (5)あ と う は，円盤の大きさだけが異なり，それ以外の条件がまったく同じで，あ と け は，円盤の重さのバランスだけが異なり，それ以外の条件がまったく同じ (6)う は あ よりもコマの回った時間の平均が長く，け は あ よりもコマの回った時間の平均が長い

[(1)で知子さんを選んだ場合] (2)あ (3)う (4)お (5)あ と う は，円盤の大きさだけが異なり，それ以外の条件がまったく同じで，あ と お は円盤の重さだけが異なり，それ以外の条件がまったく同じ (6)あ は う よりもコマの回った時間の平均が長く，お は う よりもコマの回った時間の平均が長い

[(1)で学くんを選んだ場合] (2)あ (3)い (4)き (5)あ と い は，円盤の高さだけが異なり，それ以外の条件がまったく同じで，あ と き は，円盤の重さのバランスだけが異なり，それ以外の条件がまったく同じ (6)あ は い よりもコマの回った時間の平均が長く，き は あ よりもコマの回った時間の平均が長い

《解説》

① 条件が複雑なので，観戦できる競技をしぼりこめる条件から調べていく。

A市を観光する日を1日以上計画に入れるので，2日目から5日目のうち，少なくとも1日は，2つの競技を観戦する。よって，2日目から5日目のうち，7月24日にバレーボールとハンドボールの2競技，7月28日にバスケットボールとバレーボールの2競技，7月31日にトライアスロンとボートの2競技，8月1日にサッカーとラグビーの2競技を見る計画を，少なくとも1日は入れる。

次に費用について考えるが，1人150000÷3＝50000(円)までと考えると計算しやすい。1人分の宿泊料金は1泊12000÷3＝4000(円)，金曜日と土曜日はさらに4000×$\frac{5}{10}$＝2000(円)かかると考える。1日目から5日目まで1泊4000円で泊まったとすると，4000×5＝⑦20000(円)となる。チケット代は，3種類のエリアそれぞれで価格が安い2つの競技のチケットを買ったとすると，6つの競技で，5600＋4500＋3000＋3500＋2300＋4300＝①23200(円)となる。⑦と①の合計が20000＋23200＝43200(円)だから，50000円まであと50000－43200＝6800(円)の余裕がある。この6800円で，金曜日・土曜日の宿泊の割り増し料金と，チケット代が高い競技を見たときの差額を支払えればよい。

割り増し料金で宿泊するのが1泊だけだと，チケット代が高い競技を全部見ても支払うことができる。したがって，5日目が金曜日になるように，7月27日(月)から旅行に行くとすると，解答例のような計画を立てることができる。また，解答例以外にも下表のように，いくつかの計画が考えられる。

	1日目	2日目	3日目	4日目	5日目	6日目
日にち	7／23(木)	7／24(金)	7／25(土)	7／26(日)	7／27(月)	7／28(火)
予定	トライアスロン	バレーボール ハンドボール	観光	ラグビー	サーフィン	マラソン

	1日目	2日目	3日目	4日目	5日目	6日目
日にち	7／30(木)	7／31(金)	8／1(土)	8／2(日)	8／3(月)	8／4(火)
予定	バスケットボール	トライアスロン ボート	サッカー	マラソン	観光	バレーボール

	1日目	2日目	3日目	4日目	5日目	6日目
日にち	7／29(水)	7／30(木)	7／31(金)	8／1(土)	8／2(日)	8／3(月)
予定	ハンドボール	バスケットボール	ボート	サッカー ラグビー	観光	サーフィン

2 調べたい条件以外がまったく同じ２つを比べることで，その条件が結果にどのような影響をあたえるのかを確かめることができる。円盤の大きさによる影響を調べるにはＡとＢ，円盤の重さによる影響を調べるにはＡとＣ，円盤の重さのバランスによる影響を調べるにはＡとＤ，またはＡとＥを使う。なお，英夫くんの解答例では，すべての あ ， う ， け をそれぞれ い ， え ， こ にしてもよい。知子さんの解答例では，すべての あ ， う ， お をそれぞれ い ， え ， か にしてもよい。学くんの解答例では， い を く にし， き と く を比べることで，円盤を取り付ける位置が低い き の方がコマの回った時間の平均が長くなることを確かめてもよい。

《解答例》

1 （例文）

　　筆者は、常識や既存のやり方にとらわれず、ちょっとした違和感や素朴な気持ちを大事にし、その答えを求めて自分の頭で考えることで、よりよい方法を見つけたり、何かを発見したりすることができるということを伝えたいのだと考えます。

　　私は、冷とう食品を開けて、付属のしょうゆだれだけがこおっていないことに違和感を持ちました。気になったので調べてみると、水は〇度でこおり始めるが、水に他の物質がとけているほど、こおり始める温度が下がるということがわかりました。そこで、身近にある他の液体でも実験をして、表にしてみました。この経験をしてから、理科がおもしろくなり、もっと勉強して、化学を生かす仕事につきたいと考えるようになりました。

　　だから私は、筆者の伝えたいことをふだんの生活の中で意識していけば、自分の可能性を広げることにつながるのだと考えました。

2 選んだ資料の番号（1，2，4，5の例文）

　　現代の世代の欲求を満たしつつ，将来の世代の欲求も満たす持続可能な社会の実現をするためには，限りある資源である石油・石炭・天然ガスなどの化石燃料に依存した社会を変えなければならない。

　　資料1を見ると，1990年から2016年にかけて，日本とアメリカが二酸化炭素の排出量を削減できない中で，ドイツは2億トン近く削減することに成功している。資料2を見ると，ドイツの発電量の割合は，日本やアメリカより太陽光や風力などの再生可能エネルギーの割合が高いことがわかる。だから，わが国も再生可能エネルギーの割合をもっと増やし，化石燃料に依存した状態を変えることが持続可能な社会を実現するために必要である。

　　また，先進国の多くが二酸化炭素の排出量を抑えている中で，中国やインドなどの発展途上国の二酸化炭素の排出量が増えているので，これらの国の二酸化炭素排出量を抑えることも問題である。そのためには，先進国が進めてきた二酸化炭素削減のための技術を，発展途上国に提供することが必要である。

選んだ資料の番号（1，2，3，4の例文）

　　資料3を見ると，日本の二酸化炭素排出量は1990年から2016年にかけてほぼ増減していないことがわかる。しかし，工場や発電所で排出量を削減したり維持したりしている中で，各家庭からの排出量が大幅に増加している。つまり，各家庭で二酸化炭素を抑えるための努力が足りていないことがわかる。

　　各家庭で二酸化炭素の排出量を減らすためには，3Rを積極的に行うことが重要である。特にごみを減らすリデュースが重要だ。商品を購入するときに環境に配慮した製品を選び，必要なものを必要な量だけ購入するだけでも，二酸化炭素の排出を抑えることができる。一人一人がこのような環境に配慮した行動をとれば，二酸化炭素の排出を抑えることができ，将来の世代に受け渡すことができる。

《解　説》

1　この文章は，話題（第1・2段落）・説明（第3〜6段落）・まとめ（第7段落）で構成されている。「筆者が伝えたいこと」は，話題とまとめの部分に述べられていることが多い。話題部分の「『ちょっとした違和感』があったとき，僕はその気持ちを大事にするようにしている」「うまくいかないことに違和感を覚えて，自分を変えてゆくというような気持ちが大事」，まとめ部分の「大人になると，子どもの頃の発想や素朴な気持ちを忘れがちで，つい『常

識』にとらわれてしまう」「素朴な気持ちを忘れない方がいい。そこにたくさんの発見がある」などを中心に，筆者の伝えたいことをまとめる。(条件)に「自分の考えについて，これまでの経験をふり返り，具体例をあげながら書く」とあるので，「筆者の伝えたいこと」に対する自分の考えの根拠になるような経験をあげて，説得力のある文章を書こう。

2　資料1で1990年と2016年の二酸化炭素排出量を比較すると，アメリカは47.705億トン→48.45億トン，中国は21.518億トン→90.44億トン，日本は10.353億トン→11.305億トンと，増えていることがわかる。一方，ドイツは9.338億トン→7.429億トンと減っていることがわかる。そのことを踏まえて資料2と資料5を見ると，二酸化炭素排出量が増えている3か国では，発電時に地球温暖化の原因となる二酸化炭素を大量に発生させる火力発電の割合が高いこと，ドイツでは二酸化炭素をほとんど発生させない太陽光発電や風力発電の割合が高いことがわかる。これらのことから，二酸化炭素排出量が多い国々は石油・石炭などの化石燃料での発電に依存しているという課題，脱炭素化に向けた再生可能エネルギー発電への転換という解決策を導く。また，資料3で1990年と2016年の二酸化炭素排出量を比較すると，工場では5.0112億トン→4.164億トンと減っていること，発電所では0.9628億トン→0.972億トンと維持していることがわかる。一方，各家庭では1.2992億トン→1.836億トンと増えていることがわかる。これらのことを，資料4の「大量消費・大量廃棄型の生活様式を改めること」「環境に配慮した製品やサービスを選ぶこと」「一人一人が環境に配慮した行動をとること」が環境問題で重要であることに関連付け，各家庭から廃棄されるゴミが増加しているという課題，ゴミの発生を抑制する「リデュース」・そのままの形体で繰り返し再使用する「リユース」・資源として再利用する「リサイクル」の3Rを進めて新たな天然資源の使用を減らす循環型社会を目指すという解決策を導くこともできる。

《解答例》

1

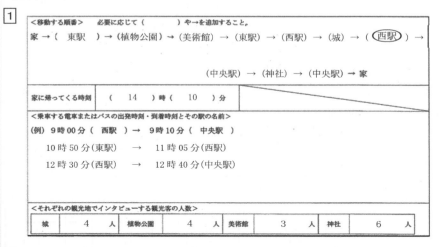

2　1．ご飯の他に主菜からさばのみそ煮，副菜からきんぴらごぼう，汁物からキャベツと油あげのみそ汁を選んでいるので，条件①は満たしているね。

1人分のエネルギーの合計は，$358＋329＋65＋65＝817$（kcal）だから，条件②を満たしていないよ。

次に，1人分の材料費を料理ごとに計算してみよう。

ご飯は，$1200×\dfrac{100}{2000}＝60$（円）だね。

さばのみそ煮は，さばが $130×\dfrac{80}{100}＝104$（円），ねぎが $96×\dfrac{50}{100}＝48$（円）だから，$104＋48＝152$（円）だね。

きんぴらごぼうは，ごぼうが $213×\dfrac{50}{150}＝71$（円），にんじんが $75×\dfrac{20}{150}＝10$（円）だから，$71＋10＝81$（円）だね。

キャベツと油あげのみそ汁は，油あげが $102×\dfrac{10}{30}＝34$（円），キャベツが $137×\dfrac{30}{1200}＝3.425$ で3円と考えるから，$34＋3＝37$（円）だね。

だから，1人分の材料費は $60＋152＋81＋37＝330$（円）なので，条件③も満たしていないね。

2．提案する献立…ご飯，さばのみそ煮，きゅうりとわかめの酢の物，キャベツと油あげのみそ汁

提案する献立が資料2の条件①～③のすべてを満たしていることの説明…武志さんが考えた献立のうち副菜のきんぴらごぼうを同じく副菜のきゅうりとわかめの酢の物に変えただけだから，条件①は満たしたままだよ。

きゅうりとわかめの酢の物に変えれば1人分のエネルギーが $65－17＝48$（kcal）減って $817－48＝769$（kcal）になるから，条件②を満たせるね。

きゅうりとわかめの酢の物の1人分の材料費は，かんそうわかめが $320×\dfrac{0.5}{16}＝10$（円），きゅうりが $60×\dfrac{50}{100}＝30$（円）だから，$10＋30＝40$（円）だね。武志さんの献立だと1人分の材料費が $330－300＝30$（円）多かったけど，きゅうりとわかめの酢の物に変えれば $81－40＝41$（円）減るから，条件③を満たせるね。

《解　説》

1　具体的な計画を考える前に，効率のよい計画を立てられるように条件を整理しよう。

電車での移動時間は，西駅と中央駅の間が10分，中央駅と東駅の間が10分である（学園前駅については考える必要がない）。したがって，徒歩よりは電車の方が早く，電車で西駅と東駅の間を移動するよりバスで移動した方が

早いとわかる。

　【計画を立てるための条件】の中で特に気をつけなければならないのが，昼休けいである。この条件を守るために，12時にはいずれかの駅にいなければならない。「城と美術館のインタビューは10時から」という条件は，最初に城と美術館以外に行けばよいので，それほど難しい条件ではない。「電車やバスに乗る場合，または乗りかえる場合，出発時刻の2分前には駅に到着していなければならない」という条件はつい忘れがちなので，気をつけること。あとは，なるべく時間の無駄（むだ）がないように考えて具体的な計画を立てていこう。解答例の計画の内容をより具体的にまとめると，表Iのようになる。この計画は，東駅でバスに乗るために，バスの出発時刻に間に合うようにできるだけ美術館でインタビューをし，西駅での休けいに合わせてできるだけ城でインタビューをすることを考えて立てた計画である。解答例以外にも，表II，IIIなどの計画も立てられる。

表I

移動方法		徒歩		徒歩		徒歩		徒歩		バス
場所	家	→	東駅	→	植物公園	→	美術館	→	東駅	→	西駅
時刻	9:00		9:15		9:22～10:02		10:07～10:37		10:44～10:50		11:05
インタビューした人数または休けい					4人		3人				

	徒歩		徒歩		電車		徒歩		徒歩		徒歩
→	城	→	西駅	→	中央駅	→	神社	→	中央駅	→	家
	11:12～11:52		11:59～12:30		12:40		12:50～13:50		14:00		14:10
	4人		休けい				6人				

表II

移動方法		徒歩		徒歩		徒歩		徒歩		電車
場所	家	→	東駅	→	植物公園	→	美術館	→	東駅	→	中央駅
時刻	9:00		9:15		9:22～10:22		10:27～11:27		11:34～11:45		11:55～12:30
インタビューした人数または休けい					6人		6人				休けい

	徒歩		徒歩		電車		徒歩		徒歩		徒歩
→	神社	→	中央駅	→	西駅	→	城	→	西駅	→	家
	12:40～13:10		13:20～13:25		13:35		13:42～14:02		14:09		14:24
	3人						2人				

表III

移動方法		徒歩		徒歩		徒歩		電車		徒歩
場所	家	→	中央駅	→	神社	→	中央駅	→	西駅	→	城
時刻	9:00		9:10		9:20～10:10		10:20～10:25		10:35		10:42～11:52
インタビューした人数または休けい					5人						7人

	徒歩		電車		徒歩		徒歩		徒歩		徒歩
→	西駅	→	東駅	→	植物公園	→	美術館	→	東駅	→	家
	11:59～12:30		12:50		12:57～13:27		13:32～13:52		13:59		14:14
	休けい				3人		2人				

2　2　武志さんが考えた献立の料理を1つだけ変えた方が簡単に説明が書ける。各料理の1人分の材料費をまとめると右表のようになるので，さばのみそ煮をなすとピーマンのみそいために買えるだけでも，条件②，③を満たすことができる。

	料理名	食品ごとの，1人分の材料費	1人分の材料費の合計
主食	ご飯	米…60円	60円
主菜	とり肉とだいこんの煮物	とり肉…92円　だいこん…36円	128円
	さばのみそ煮	さば…104円　ねぎ…48円	152円
	なすとピーマンのみそいため	なす…63円　ピーマン…15円	78円
副菜	青菜のごまあえ	ごま…5円　ほうれんそう…48円	53円
	きんぴらごぼう	ごぼう…71円　にんじん…10円	81円
	きゅうりとわかめの酢の物	かんそうわかめ…10円　きゅうり…30円	40円
汁物	キャベツと油あげのみそ汁	油あげ…34円　キャベツ…3円	37円
	かきたま汁	卵…5円　しいたけ…24円	29円

《解答例》

1 （例文）

　　筆者が主張したいことは、個人の価値観と行為の違いに気付いた時は、なぜ違うのかを考えることが大事だということだ。個人の好みや価値観を当然のものだと考え、それを標準化すると、そうでない人を排除することにつながる。違いをきっかけに、背後にある社会や文化を考えるのがよいと述べている。

　　東京から来た転校生が、食パンは八枚切りが好きで、五枚切りは嫌いだと言った。私は五枚切りが当たり前だと思っていたのでおどろいた。調べると、東日本ではうす切り、西日本では厚切りが主流であるとわかった。ぱりっとしたせんべいを好む関東では六枚切りや八枚切りが人気で、粉もん文化の関西ではもっちりした食感が好まれるそうだ。身近な違いに文化的な背景があることを知った。

　　筆者の言うとおり、自分を基準に一面的な見方をしてはいけないと思う。違う文化の人と共生するには、違いの背景を知り、それをふまえて理解し合うことが大切だと考える。

2 （例文）資料１からA町の人口が減少していること、資料２からA町では少子高齢化が進んでいることがわかります。これらからわかるA町の課題は、働く世代の人口流出が止まらないことです。人口流出の理由は、A町内に働くところが少ないために、20～59歳の働く世代が他の町に引っ越しているからだと考えられます。そこで、A町のよいと思うところをなくさずに、働く場所を提供する方法として、グリーンツーリズムを提案します。町の中には空き地や空き家が多くありますから、そこに宿泊施設を整備し、農業体験施設をつくります。農業体験については、地元の高齢者に指導をお願いします。宿泊施設の管理やPRは、20～59歳の働く世代に頑張ってもらいます。人々に知ってもらうためのホームページの開設やイベントの実施には、若い人の意見が必要です。このように町全体がひとつになって宿泊型の農業体験施設をつくれば、A町の自然をこわさずに住民の働く場所を確保できるうえに、高齢者にも活躍する場所ができ、A町に活気がもどると思います。そうすればA町の人口流出は止まると思います。

《解説》

2 資料１から読み取れることは「人口が減少し続けていること」，資料２から読み取れることは「59歳以下の人口割合が減り，60歳以上の割合が増えていること」である。これらからA町の人口流出をどのようにして止めるかが課題であると判断する。資料３から「働くところが少ないところ」を取り上げれば，グリーンツーリズムなどが考えられる。「スーパーマーケットなどの買い物のできるところが少ないところ」を取り上げれば，移動販売や通信販売などが考えられる。「空き家や空き地が増えてきているところ」を取り上げれば，移住者を募って空き家に無償で住んでもらうなどが考えられる。資料３からいくつかを選び，A町のよいところをこわさない方法を考えよう。

■ ご使用にあたってのお願い・ご注意

（１）問題文等の非掲載

　著作権上の都合により，問題文や図表などの一部を掲載できない場合があります。

　誠に申し訳ございませんが，ご了承くださいますようお願いいたします。

（２）過去問における時事性

　過去問題集は，学習指導要領の改訂や社会状況の変化，新たな発見などにより，現在とは異なる表記や解説になっている場合があります。過去問の特性上，出題当時のままで出版していますので，あらかじめご了承ください。

（３）配点

　学校等から配点が公表されている場合は，記載しています。公表されていない場合は，記載していません。

　独自の予想配点は，出題者の意図と異なる場合があり，お客様が学習するうえで誤った判断をしてしまう恐れがあるため記載していません。

（４）無断複製等の禁止

　購入された個人のお客様が，ご家庭でご自身またはご家族の学習のためにコピーをすることは可能ですが，それ以外の目的でコピー，スキャン，転載（ブログ，ＳＮＳなどでの公開を含みます）などをすることは法律により禁止されています。学校や学習塾などで，児童生徒のためにコピーをして使用することも法律により禁止されています。

　ご不明な点や，違法な疑いのある行為を確認された場合は，弊社までご連絡ください。

（５）けがに注意

　この問題集は針を外して使用します。針を外すときは，けがをしないように注意してください。また，表紙カバーや問題用紙の端で手指を傷つけないように十分注意してください。

（６）正誤

　制作には万全を期しておりますが，万が一誤りなどがございましたら，弊社までご連絡ください。

　なお，誤りが判明した場合は，弊社ウェブサイトの「ご購入者様のページ」に掲載しておりますので，そちらもご確認ください。

■ お問い合わせ

　解答例，解説，印刷，製本など，問題集発行におけるすべての責任は弊社にあります。

　ご不明な点がございましたら，弊社ウェブサイトの「お問い合わせ」フォームよりご連絡ください。迅速に対応いたしますが，営業日の都合で回答に数日を要する場合があります。

　ご入力いただいたメールアドレス宛に自動返信メールをお送りしています。自動返信メールが届かない場合は，「よくある質問」の「メールの問い合わせに対し返信がありません。」の項目をご確認ください。

　また弊社営業日（平日）は，午前９時から午後５時まで，電話でのお問い合わせも受け付けています。

2025 春

株式会社教英出版

〒422-8054　静岡県静岡市駿河区南安倍３丁目 12-28

TEL　054-288-2131　　FAX　054-288-2133

URL　https://kyoei-syuppan.net/

MAIL　siteform@kyoei-syuppan.net

教英出版の中学受験対策

中学受験面接の基本がここに！
知っておくべき面接試問の要領

面接試験に，落ち着いて自信をもってのぞむためには，あらかじめ十分な準備をしておく必要があります。面接の心得や，受験生と保護者それぞれへの試問例など，面接対策に必要な知識を1冊にまとめました。

- 面接の形式や評価のポイント，マナー，当日までの準備など，面接の基本をていねいに指南「面接はこわくない！」
- 書き込み式なので，質問例に対する自分の答えを整理して本番直前まで使える
- ウェブサイトで質問音声による面接のシミュレーションができる

定価：**770**円（本体700円＋税）

入試テクニックシリーズ

必修編

基本をおさえて実力アップ！
1冊で入試の全範囲を学べる！
基礎力養成に最適！

こんな受験生には必修編がおすすめ！
- 入試レベルの問題を解きたい
- 学校の勉強とのちがいを知りたい
- 入試問題を解く基礎力を固めたい

定価：**1,100**円（本体1,000＋税）

発展編

応用力強化で合格をつかむ！
有名私立中の問題で
最適な解き方を学べる！

こんな受験生には発展編がおすすめ！
- もっと難しい問題を解きたい
- 難関中学校をめざしている
- 子どもに難問の解法を教えたい

定価：**1,760**円（本体1,600＋税）

絶賛販売中！

詳しくは教英出版で検索

| 教英出版 | 検索 |

URL https://kyoei-syuppan.net/

教英出版の親子で取りくむシリーズ

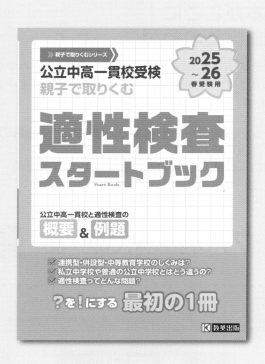

公立中高一貫校とは？適性検査とは？
受検を考えはじめた親子のための
最初の1冊！

「概要編」では公立中高一貫校の仕組みや適性検査の特徴をわかりやすく説明し，「例題編」では実際の適性検査の中から，よく出題されるパターンの問題を厳選して紹介しています。実際の問題紙面も掲載しているので受検を身近に感じることができます。

- 公立中高一貫校を知ろう！
- 適性検査を知ろう！
- 教科的な問題〈適性検査ってこんな感じ〉
- 実技的な問題〈さらにはこんな問題も！〉
- おさえておきたいキーワード

定価：1,078円（本体980＋税）

適性検査の作文問題にも対応！
「書けない」を「書けた！」に
導く合格レッスン

「実力養成レッスン」では，作文の技術や素材の見つけ方，書き方や教え方を対話形式でわかりやすく解説。実際の入試作文をもとに，とり外して使える解答用紙に書き込んでレッスンをします。赤ペンの添削例や，「添削チェックシート」を参考にすれば，お子さんが書いた作文をていねいに添削することができます。

- レッスン1 作文の基本と，書くための準備
- レッスン2 さまざまなテーマの入試作文
- レッスン3 長文の内容をふまえて書く入試作文
- 実力だめし！入試作文
- 別冊「添削チェックシート・解答用紙」付き

定価：1,155円（本体1,050＋税）

絶賛販売中！

詳しくは教英出版で検索

| 教英出版 | 検索 |

URL https://kyoei-syuppan.net/

教英出版　2025年春受験用　中学入試問題集

学校別問題集
★はカラー問題対応

神奈川県

- ①[県立] {相模原中等教育学校 / 平塚中等教育学校}
- ②[市立]南高等学校附属中学校
- ③[市立]横浜サイエンスフロンティア高等学校附属中学校
- ④[市立]川崎高等学校附属中学校
- ★⑤聖 光 学 院 中 学 校
- ★⑥浅 野 中 学 校
- ⑦洗 足 学 園 中 学 校
- ⑧法 政 大 学 第 二 中 学 校
- ⑨逗 子 開 成 中 学 校（1次）
- ⑩逗 子 開 成 中 学 校（2・3次）
- ⑪神奈川大学附属中学校（第1回）
- ⑫神奈川大学附属中学校（第2・3回）
- ⑬栄 光 学 園 中 学 校
- ⑭フェリス女学院中学校

新潟県

- ①[県立] {村上中等教育学校 / 柏崎翔洋中等教育学校 / 燕中等教育学校 / 津南中等教育学校 / 直江津中等教育学校 / 佐渡中等教育学校}
- ②[市立]高志中等教育学校
- ③新 潟 第 一 中 学 校
- ④新 潟 明 訓 中 学 校

石川県

- ①[県立]金沢錦丘中学校
- ②星 稜 中 学 校

福井県

- ①[県立]高 志 中 学 校

山梨県

- ①山 梨 英 和 中 学 校
- ②山 梨 学 院 中 学 校
- ③駿 台 甲 府 中 学 校

長野県

- ①[県立] {屋代高等学校附属中学校 / 諏訪清陵高等学校附属中学校}
- ②[市立]長 野 中 学 校

岐阜県

- ①岐 阜 東 中 学 校
- ②鶯 谷 中 学 校
- ③岐阜聖徳学園大学附属中学校

静岡県

- ①[国立] {静岡大学教育学部附属中学校（静岡・島田・浜松）}
- ②{[県立]清水南高等学校中等部 / [県立]浜松西高等学校中等部 / [市立]沼津高等学校中等部}
- ③不二聖心女子学院中学校
- ④日 本 大 学 三 島 中 学 校
- ⑤加 藤 学 園 暁 秀 中 学 校
- ⑥星 陵 中 学 校
- ⑦東海大学付属静岡翔洋高等学校中等部
- ⑧静 岡 サ レ ジ オ 中 学 校
- ⑨静 岡 英 和 女 学 院 中 学 校
- ⑩静 岡 雙 葉 中 学 校
- ⑪静 岡 聖 光 学 院 中 学 校
- ⑫静 岡 学 園 中 学 校
- ⑬静 岡 大 成 中 学 校
- ⑭城 南 静 岡 中 学 校
- ⑮静 岡 北 中 学 校
- ⑯{常葉大学附属常葉中学校 / 常葉大学附属橘中学校 / 常葉大学附属菊川中学校}
- ⑰藤 枝 明 誠 中 学 校
- ⑱浜 松 開 誠 館 中 学 校
- ⑲静岡県西遠女子学園中学校
- ⑳浜 松 日 体 中 学 校
- ㉑浜 松 学 芸 中 学 校

愛知県

- ①[国立]愛知教育大学附属名古屋中学校
- ②愛 知 淑 徳 中 学 校
- ③{名古屋経済大学市邨中学校 / 名古屋経済大学高蔵中学校}
- ④金 城 学 院 中 学 校
- ⑤椙 山 女 学 園 中 学 校
- ⑥東 海 中 学 校
- ⑦南 山 中 学 校 男 子 部
- ⑧南 山 中 学 校 女 子 部
- ⑨聖 霊 中 学 校
- ⑩滝 中 学 校
- ⑪名 古 屋 中 学 校
- ⑫大 成 中 学 校
- ⑬愛 知 中 学 校
- ⑭星 城 中 学 校
- ⑮名 古 屋 葵 大 学 中 学 校（名古屋女子大学中学校）
- ⑯愛知工業大学名電中学校
- ⑰海陽中等教育学校（特別給費生）
- ⑱海陽中等教育学校（Ⅰ・Ⅱ）
- ⑲中部大学春日丘中学校
- 新刊⑳名 古 屋 国 際 中 学 校

三重県

- ①[国立]三重大学教育学部附属中学校
- ②暁 中 学 校
- ③海 星 中 学 校
- ④四日市メリノール学院中学校
- ⑤高 田 中 学 校
- ⑥セントヨゼフ女子学園中学校
- ⑦三 重 中 学 校
- ⑧皇 學 館 中 学 校
- ⑨鈴 鹿 中 等 教 育 学 校
- ⑩津 田 学 園 中 学 校

滋賀県

- ①[国立]滋賀大学教育学部附属中学校
- ②[県立] {河 瀬 中 学 校 / 守 山 中 学 校 / 水 口 東 中 学 校}

京都府

- ①[国立]京都教育大学附属桃山中学校
- ②[府立]洛北高等学校附属中学校
- ③[府立]園部高等学校附属中学校
- ④[府立]福知山高等学校附属中学校
- ⑤[府立]南陽高等学校附属中学校
- ⑥[市立]西京高等学校附属中学校
- ⑦同 志 社 中 学 校
- ⑧洛 星 中 学 校
- ⑨洛南高等学校附属中学校
- ⑩立 命 館 中 学 校
- ⑪同 志 社 国 際 中 学 校
- ⑫同志社女子中学校（前期日程）
- ⑬同志社女子中学校（後期日程）

大阪府

- ①[国立]大阪教育大学附属天王寺中学校
- ②[国立]大阪教育大学附属平野中学校
- ③[国立]大阪教育大学附属池田中学校

④[府立]富田・林中学校
⑤[府立]咲くやこの花中学校
⑥[府立]水都国際中学校
⑦清風中学校
⑧高槻中学校（A日程）
⑨高槻中学校（B日程）
⑩明星中学校
⑪大阪女学院中学校
⑫大谷中学校
⑬四天王寺中学校
⑭帝塚山学院中学校
⑮大阪国際中学校
⑯大阪桐蔭中学校
⑰開明中学校
⑱関西大学第一中学校
⑲近畿大学附属中学校
⑳金蘭千里中学校
㉑金光八尾中学校
㉒清風南海中学校
㉓帝塚山学院泉ヶ丘中学校
㉔同志社香里中学校
㉕初芝立命館中学校
㉖関西大学中等部
㉗大阪星光学院中学校

兵 庫 県
①[国立]神戸大学附属中等教育学校
②[県立]兵庫県立大学附属中学校
③雲雀丘学園中学校
④関西学院中学部
⑤神戸女学院中学部
⑥甲陽学院中学校
⑦甲南中学校
⑧甲南女子中学校
⑨灘中学校
⑩親和中学校
⑪神戸海星女子学院中学校
⑫滝川中学校
⑬啓明学院中学校
⑭三田学園中学校
⑮淳心学院中学校
⑯仁川学院中学校
⑰六甲学院中学校
⑱須磨学園中学校（第1回入試）
⑲須磨学園中学校（第2回入試）
⑳須磨学園中学校（第3回入試）
㉑白陵中学校

㉒夙川中学校

奈 良 県
①[国立]奈良女子大学附属中等教育学校
②[国立]奈良教育大学附属中学校
③[県立] 国際中学校／青翔中学校
④[市立]一条高等学校附属中学校
⑤帝塚山中学校
⑥東大寺学園中学校
⑦奈良学園中学校
⑧西大和学園中学校

和 歌 山 県
①[県立] 古佐田丘中学校／向陽中学校／桐蔭中学校／日高高等学校附属中学校／田辺中学校
②智辯学園和歌山中学校
③近畿大学附属和歌山中学校
④開智中学校

岡 山 県
①[県立]岡山操山中学校
②[県立]倉敷天城中学校
③[県立]岡山大安寺中等教育学校
④[県立]津山中学校
⑤岡山中学校
⑥清心中学校
⑦岡山白陵中学校
⑧金光学園中学校
⑨就実中学校
⑩岡山理科大学附属中学校
⑪山陽学園中学校

広 島 県
①[国立]広島大学附属中学校
②[国立]広島大学附属福山中学校
③[県立]広島中学校
④[県立]三次中学校
⑤[県立]広島叡智学園中学校
⑥[市立]広島中等教育学校
⑦[市立]福山中学校
⑧広島学院中学校
⑨広島女学院中学校
⑩修道中学校

⑪崇徳中学校
⑫比治山女子中学校
⑬福山暁の星女子中学校
⑭安田女子中学校
⑮広島なぎさ中学校
⑯広島城北中学校
⑰近畿大学附属広島中学校福山校
⑱盈進中学校
⑲如水館中学校
⑳ノートルダム清心中学校
㉑銀河学院中学校
㉒近畿大学附属広島中学校東広島校
㉓AICJ中学校
㉔広島国際学院中学校
㉕広島修道大学ひろしま協創中学校

山 口 県
①[県立] 下関中等教育学校／高森みどり中学校
②野田学園中学校

徳 島 県
①[県立] 富岡東中学校／川島中学校／城ノ内中等教育学校
②徳島文理中学校

香 川 県
①大手前丸亀中学校
②香川誠陵中学校

愛 媛 県
①[県立] 今治東中等教育学校／松山西中等教育学校
②愛光中学校
③済美平成中等教育学校
④新田青雲中等教育学校

高 知 県
①[県立] 安芸中学校／高知国際中学校／中村中学校

福 岡 県

① [国立] 福岡教育大学附属中学校
（福岡・小倉・久留米）

② [県立] 育 徳 館 中 学 校
門 司 学 園 中 学 校
宗 像 中 学 校
嘉穂高等学校附属中学校
輝 翔 館 中等教育学校

③ 西 南 学 院 中 学 校
④ 上 智 福 岡 中 学 校
⑤ 福 岡 女 学 院 中 学 校
⑥ 福 岡 雙 葉 中 学 校
⑦ 照 曜 館 中 学 校
⑧ 筑 紫 女 学 園 中 学 校
⑨ 敬 愛 中 学 校
⑩ 久留米大学附設中学校
⑪ 飯 塚 日 新 館 中 学 校
⑫ 明 治 学 園 中 学 校
⑬ 小 倉 日 新 館 中 学 校
⑭ 久 留 米 信 愛 中 学 校
⑮ 中 村 学 園 女 子 中 学 校
⑯ 福岡大学附属大濠中学校
⑰ 筑 陽 学 園 中 学 校
⑱ 九州国際大学付属中学校
⑲ 博 多 女 子 中 学 校
⑳ 東 福 岡 自 彊 館 中 学 校
㉑ 八 女 学 院 中 学 校

佐 賀 県

① [県立] 香 楠 中 学 校
致 遠 館 中 学 校
唐 津 東 中 学 校
武 雄 青 陵 中 学 校

② 弘 学 館 中 学 校
③ 東 明 館 中 学 校
④ 佐 賀 清 和 中 学 校
⑤ 成 穎 中 学 校
⑥ 早 稲 田 佐 賀 中 学 校

長 崎 県

① [県立] 長 崎 東 中 学 校
佐 世 保 北 中 学 校
諫早高等学校附属中学校

② 青 雲 中 学 校
③ 長 崎 南 山 中 学 校
④ 長 崎 日 本 大 学 中 学 校
⑤ 海 星 中 学 校

熊 本 県

① [県立] 玉 名 高 等 学 校 附 属 中 学 校
宇 土 中 学 校
八 代 中 学 校

② 真 和 中 学 校
③ 九 州 学 院 中 学 校
④ ル ー テ ル 学 院 中 学 校
⑤ 熊 本 信 愛 女 学 院 中 学 校
⑥ 熊 本 マ リ ス ト 学 園 中 学 校
⑦ 熊 本 学 園 大 学 付 属 中 学 校

大 分 県

① [県立] 大 分 豊 府 中 学 校
② 岩 田 中 学 校

宮 崎 県

① [県立] 五 ヶ 瀬 中 等 教 育 学 校
② [県立] 宮崎西高等学校附属中学校
都城泉ヶ丘高等学校附属中学校
③ 宮 崎 日 本 大 学 中 学 校
④ 日 向 学 院 中 学 校
⑤ 宮 崎 第 一 中 学 校

鹿 児 島 県

① [県立] 楠 隼 中 学 校
② [市立] 鹿 児 島 玉 龍 中 学 校
③ 鹿 児 島 修 学 館 中 学 校
④ ラ ・ サ ー ル 中 学 校
⑤ 志 學 館 中 等 部

沖 縄 県

① [県立] 与 勝 緑 が 丘 中 学 校
開 邦 中 学 校
球 陽 中 学 校
名護高等学校附属桜中学校

もっと過去問シリーズ

北 海 道

北 嶺 中 学 校
7年分（算数・理科・社会）

静 岡 県

静岡大学教育学部附属中学校
（静岡・島田・浜松）
10年分（算数）

愛 知 県

愛 知 淑 徳 中 学 校
7年分（算数・理科・社会）
東 海 中 学 校
7年分（算数・理科・社会）
南山中学校男子部
7年分（算数・理科・社会）

南山中学校女子部
7年分（算数・理科・社会）
滝 中 学 校
7年分（算数・理科・社会）
名 古 屋 中 学 校
7年分（算数・理科・社会）

岡 山 県

岡 山 白 陵 中 学 校
7年分（算数・理科）

広 島 県

広島大学附属中学校
7年分（算数・理科・社会）
広島大学附属福山中学校
7年分（算数・理科・社会）
広 島 学 院 中 学 校
7年分（算数・理科・社会）
広 島 女 学 院 中 学 校
7年分（算数・理科・社会）
修 道 中 学 校
7年分（算数・理科・社会）
ノートルダム清心中学校
7年分（算数・理科・社会）

愛 媛 県

愛 光 中 学 校
7年分（算数・理科・社会）

福 岡 県

福岡教育大学附属中学校
（福岡・小倉・久留米）
7年分（算数・理科・社会）
西 南 学 院 中 学 校
7年分（算数・理科・社会）
久留米大学附設中学校
7年分（算数・理科・社会）
福岡大学附属大濠中学校
7年分（算数・理科・社会）

佐 賀 県

早 稲 田 佐 賀 中 学 校
7年分（算数・理科・社会）

長 崎 県

青 雲 中 学 校
7年分（算数・理科・社会）

鹿 児 島 県

ラ ・ サ ー ル 中 学 校
7年分（算数・理科・社会）

※もっと過去問シリーズは
国語の収録はありません。

Ｋ 教英出版

〒422-8054
静岡県静岡市駿河区南安倍3丁目12−28
TEL 054-288-2131
FAX 054-288-2133
詳しくは教英出版で検索

教英出版　　検索

URL https://kyoei-syuppan.net/

令和6年度

適 性 検 査 A
（9：30 〜 10：15）

注　　　意

1　検査開始のチャイムがなるまで開いてはいけません。

2　問題用紙の1ページから6ページに、問題が1から2まであります。

　これとは別に解答用紙が1枚あります。

3　問題用紙と解答用紙に受検番号を書きなさい。

4　答えはすべて解答用紙に記入しなさい。

広島叡智学園中学校

受検番号	第	番

1 浩二さんと真子さんの学級では、総合的な学習の時間の中で「地域に生息する日本固有の生き物を守る」ことを目指した調査探究活動を行なっています。浩二さんと真子さんのグループは、日本固有の生き物の生態系※1に影響をあたえていると考えられる外来種※2の数を調査することになりました。浩二さんと真子さんと先生の会話を読んで、あとの問いに答えなさい。

※1　生態系……ある地域に生息する生き物とその生き物をとりまく環境。
※2　外来種……もともと生息していなかった地域に、人間の活動によって外国や国内の他地域から入ってきた生物。

真子「近くの池や川でよく見る外来種について調べたことをまとめてきたよ。この3種類の外来種がどのくらいいるのか調べてみようよ。」

資料1【外来種の特徴をまとめた表】

外来種の種類	分類	生息地	外来種の特徴
ブラックバス	魚類	湖・池・川	水中を活発に泳ぎ回り、朝と夕方は特に活発になる。夏の昼間は水温の低いところでじっとしていることが多い。3月〜7月にかけて卵を産み、1週間程度で卵がかえる。
アメリカザリガニ	甲殻類	湖・池・水田川・用水路	あしを使って移動し、腹を使って素早く泳ぐこともできる。朝や夕方、夜に活発に動き、日中はものかげにかくれてじっとしていることが多い。6月〜9月に卵を産み、1ヶ月程度で卵がかえる。
ミシシッピアカミミガメ	爬虫類	湖・池・川	昼間に活動し、あしを使って移動をする。水中で泳ぐこともできる。水温が15℃以下になると動きがにぶくなる。4月〜7月にかけて卵を産み、2ヶ月から2ヶ月半程度で卵がかえる。

浩二「外来種の数を調べるといっても、全てをつかまえて数えることは不可能だよね。」
真子「私も生き物の数をどのように数えているのか不思議に思って調べてみたんだ。生き物の数を調べる方法はいくつかあるみたいなんだけど、そのうち1つの方法を、メモにまとめてきたよ。」

資料2【生き物の数を調べる方法をまとめたメモ】

標識再捕獲法

○　調査の手順
　①　数を調べたい生き物をつかまえて、つかまえた数を数える。（1回目の調査）
　②　1回目の調査でつかまえた生き物すべてに目印を付けて、もとの場所にもどす。
　③　期間をあけてもう一度つかまえて、つかまえた数と、つかまえた中に目印があるものの数を数える。（2回目の調査）

○　生き物の数を求める式

$$（生き物の数）= \frac{（1回目の調査でつかまえた数）×（2回目の調査でつかまえた数）}{（2回目の調査でつかまえた中で、目印があるものの数）}$$

○　標識再捕獲法で調査をするときの注意点
　・調査をする生き物は生息地域を動きまわる生き物であること。
　・調査期間中に調査する生き物が新たに生まれたりたくさん死んだりするなど、調査する場所での生き物の数が大きく変化しないこと。

適性A—1

先生「よく調べましたね。この方法を使って外来種の数を調査する計画があるといいですね。2学期
　　　末までには全ての生き物の調査を終えられるようにしましょう。」
真子「まずは、この地域の外来種がいる調査場所の候補をあげて、調査計画を作ってみます。」

資料3【調査場所の候補】

調査場所の候補	調査できる外来種	調査場所についてのメモ
学校裏の池	ブラックバス アメリカザリガニ ミシシッピアカミミガメ	・全ての外来種が多く見られる。 ・小川が3本流れこんでおり、小川にも全ての外来種が見られる。
水田横の用水路	アメリカザリガニ	・流れはゆるやかで、多くのアメリカザリガニが見られる。
公園内の池	ブラックバス ミシシッピアカミミガメ	・小川など、外から入ってくる水路はない。
学校横の川	アメリカザリガニ ミシシッピアカミミガメ	・流れはゆるやかで、川の中に陸場も多くあり、そこでミシシッピアカミミガメがよく見られる。

資料4【作成した調査計画】

調査する外来種	調査する時期	調査する時間	調査する場所	つかまえ方	調査範囲
ブラックバス	1回目：8月1日 2回目：8月3日	午後1時~午後3時の2時間	学校裏の池	つり	池全体
アメリカザリガニ	1回目：5月9日 2回目：7月6日	午後2時~午後3時の1時間	水田横の用水路	あみ	水路20mの範囲
ミシシッピアカミミガメ	1回目：8月22日 2回目：10月8日	午前9時~翌日の午前9時の1日	学校横の川	わな	特に決めない

真子「先生、調査計画ができたので見てください。」
先生「できるだけ正確な数を調べるために、この調査計画の中には改善した方がよいところがありま
　　　すね。標識再捕獲法で調査をするときの注意点を守ることはもちろんですが、生き物の動きに
　　　影響をあたえてしまうような条件や、つかまえることのできる数に影響をあたえてしまう条件
　　　は、2回の調査でできるだけそろえることが必要ですね。」

（問1）
　資料4【作成した調査計画】の中で、改善した方がよいと思う内容をふくむ項目を2つあげ、どの
ように改善するのかを書きなさい。また、それぞれそのように改善した方がよいと思う理由を書きな
さい。（改善した方がよいと思う内容をふくむ項目の解答の書き方の例：ブラックバスの調査範囲）

浩二さんと真子さんのグループは、調査計画を改善し、先生といっしょに外来種の数を調査しました。

浩二「先生、調査した結果をまとめました。」

資料5【調査結果】

調査した外来種	ブラックバス	アメリカザリガニ	ミシシッピアカミミガメ
1回目につかまえた数	12	35	39
2回目につかまえた数	14	54	44
2回目につかまえた数のうち目印のあるものの数	2	15	6

先生「それでは、真子さんが調べてきた標識再捕獲法の生き物の数を求める式を使って、調査結果から調査した場所に生息する外来種のおよその数を求めてみましょう。」
真子「その生き物の一部の数を数えるだけで、生き物の全部の数を調べることができるってすごいよね。でも、そもそもなぜこの計算の方法で、全体の生き物の数を求めることができるのかな。」
先生「真子さん、とてもよい疑問ですね。この方法では正確な数までは求めることはできませんが、調査した生き物が、調査した場所全体にまんべんなく生息していると考えると、およその全体の数を求めることができるのですよ。」

（問2）
　資料5【調査結果】の調査する外来種のうち1つを選び、資料2【生き物の数を調べる方法をまとめたメモ】の標識再捕獲法の生き物の数を求める式を使って、選んだ外来種の数を求めなさい。ただし、1の位を四捨五入したおよその数で答えなさい。また、標識再捕獲法の生き物の数を求める式で、調査した場所全体の生き物のおよその数を求めることができる理由を、数を求めるために選んだ外来種の資料5【調査結果】の数字を使って説明しなさい。

適性A—3

適 性 検 査 B

（10：45〜11：30）

注　　意

1　検査開始のチャイムがなるまで開いてはいけません。

2　問題用紙の1ページから6ページに、問題が 1 から 2 まであります。

　これとは別に解答用紙が1枚あります。

3　問題用紙と解答用紙に受検番号を書きなさい。

4　答えはすべて解答用紙に記入しなさい。

| 受検番号 | 第 | 番 |

1　次の文章【1】は、倉本聰さんが「G7札幌気候・エネルギー・環境大臣会合」に寄せて書いた
　文章です。文章【2】は宮澤章二さんの「行為の意味」という詩です。これらを読んで、あとの問
　い1・2に答えなさい。

【1】

お詫び
著作権上の都合により、文章は掲載しておりません。
ご不便をおかけし、誠に申し訳ございません。
教英出版

（二〇二二年度第18回札幌市定例市長記者会見資料」より。）

（注）麻痺＝しびれて感覚がなくなること。
　　　紲って＝たよって。
　　　謳歌＝恵まれていることを心おきなく楽しむこと。
　　　スーパーカー＝性能とデザインの優れた車。
　　　バックギア＝後ろへ進むための装置。

適性B―1

2024(R6) 広島叡智学園中

教英出版

【2】

――あなたの 〈こころ〉 はどんな形ですか
と ひとに聞かれても答えようがない

自分にも他人にも 〈こころ〉 は見えない
けれど ほんとうに見えないのであろうか

確かに 〈こころ〉 はだれにも見えない
けれど 〈こころづかい〉 は見えるのだ
それは 人に対する積極的な行為だから

同じように胸の中の 〈思い〉 は見えない
けれど 〈思いやり〉 はだれにでも見える
それも人に対する積極的な行為なのだから

あたたかい心が あたたかい行為になり
やさしい思いが やさしい行為になるとき

〈心〉 も 〈思い〉 も 初めて美しく生きる
――それは 人が人として生きることだ

（宮澤章二「行為の意味」より。）

（問1）
　表現の工夫とその効果について、【1】と【2】の文章を比べ、同じ点と違う点をそれぞれ書きなさい。

（問2）
　あなたは、【1】と【2】の文章からどのようなメッセージを受け取りましたか。それぞれ書きなさい。また、【1】と【2】の文章から受け取ったどちらかのメッセージに対して、あなたはどのような考えをもちましたか。これまでの経験をふり返り、具体例を挙げながら書きなさい。

2　すみれさんの学校では、総合的な学習の時間に、地域のまちづくりについて学習を進めています。単元のまとめとして行う学習発表会では、魅力的なまちづくりに向けた具体的な提案についてグループごとに発表を行います。

　　すみれさんの学校は瀬戸内海に位置する、大崎上島町にあります。すみれさんたちのグループでは、大崎上島町の現状や、他の地方自治体で行われたまちづくりの取組などを資料としてまとめ、発表の準備を進めています。

　　あなたがすみれさんなら、大崎上島町をより魅力のあるまちにするために、どのような具体的な提案をしますか。次の条件にしたがって書きなさい。

（条件）
・資料1【政策に関する考え方】①〜④のうち、大切にする考え方を1つ選ぶこと。
・資料2〜6のうち、2つ以上の資料を選び、資料1【政策に関する考え方】から選んだ考え方と関連付けながら書くこと。
・解答用紙の所定の欄に、選んだ資料1【政策に関する考え方】の番号、資料1と関連付けた資料の番号及び具体的な提案をそれぞれ書くこと。

　　なお、別に配付した「のんびりゆったり大崎上島ぐるりマップ」を参考にしてもよい。

資料1【政策に関する考え方】（2020年）

①	多様な人材を育てる教育の島づくりを進める　ひとづくり
②	新たな人の流れで住んでよかったと実感できる　ひとづくり
③	地域の特長を活かして仕事と産業を育てる　しごとづくり
④	癒し※1と元気な地域で安心して暮らす　まちづくり

（大崎上島町のホームページをもとに作成。）

※1　癒し……心が安らぐこと。

2

2

【考えの説明】

2				

2	具体的な提案	【政策に関する考え方】の番号		関連付けた資料の番号	

叡
適B
解

受検番号	第	番

適性検査 B　解答用紙

得点	※100点満点 （配点非公表）

1

1

【解答用

適性検査 A　解答用紙

得点 | ※100点満点（配点非公表）

		改善する項目	どのように改善するか	理由
1	1			

		選んだ生き物		生き物のおよその数	およそ	ひき
	2	標識再捕獲法の生き物の数を求める式で、調査した場所全体の生き物のおよその数を求めることができる理由				

		【解答のしかたの例】　　1におもり1個、　2におもり2個、　3におもり2個
	ア	

資料2【大崎上島町の人口・一世帯当たりの人数の推移】（2020年）

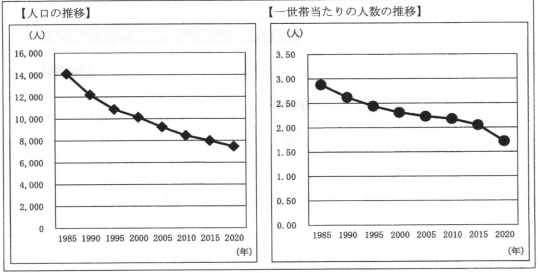

（大崎上島町のホームページをもとに作成。）

資料3【大崎上島町の人口構成の推移】（2020年）

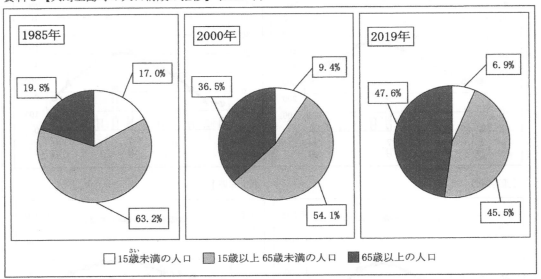

（大崎上島町のホームページをもとに作成。）

適性B—4

資料4 【大崎上島町の業種別年齢別就業者数】（2015年）

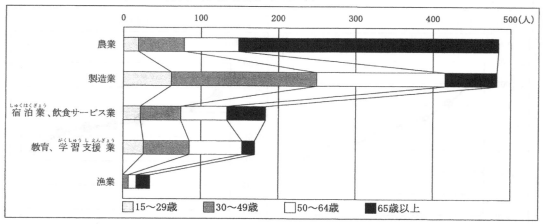

（大崎上島町のホームページをもとに作成。）

資料5 【日本各地の月別平均気温と降水量】（2022年）

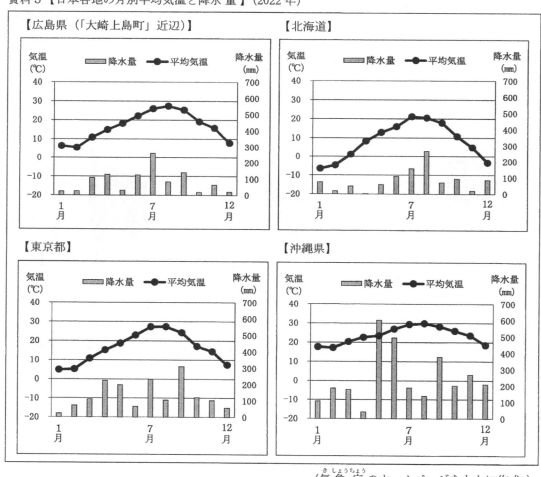

（気象庁のホームページをもとに作成。）

適性B—5

【適

資料6 【他の地方自治体で行われたまちづくりの取組】（2017年）

都道府県 市町村	取組
北海道 ニセコ町	ニセコ町の特徴は、多くの海外スキー場を訪問した経験を持つスキーヤーたちに「世界有数のパウダースノー」と言われる冬の魅力にある。この魅力を国内外に発信するために観光協会が力を入れ、さまざまな場所で町のＰＲを行った結果、特に外国人の観光客の数が大幅に増加した。
北海道 厚真町	厚真町では「森林に囲まれた環境」「市街地に近い」「海に近い」「小中学校に隣接」などさまざまな特徴を持った住まいを整備して販売している。田舎ならではの良質な住環境を提供することで、移住者が安心して楽しく暮らすことができるようにしている。子育てもサポートすることで、若い年代の移住者が増えている。
福島県 南会津町	南会津町で作られる南郷トマトの生産組合では、生産者を増やすこと、南郷トマト産地としての評価を高めることを目的として取組を行っている。農業を営むことを希望する町外の人に対し、ビニールハウス用の土地や住まいの確保からトマトの栽培方法を教えることまで、全ての面でサポートすることにした。その結果、多くのＩターン農家を生みだしている。
島根県 海士町	地元の中学生が高校へ進学する際、島外の高校へ進学することをとどめるために「高校魅力化構想」を設定した。教科書による学習だけでなく、実践的なまちづくりや商品開発などを学ぶ取組により、島内からの進学者も増え、島外から入学する生徒も増加した。
大分県 豊後高田市	江戸時代から商業都市として栄えたが、昭和30年代以降、人口が減少した。「日本のどこにもない、この町ならではの個性をきらめかせよう」をコンセプトに、空き家、空き店舗をそのまま活用し、賑わっていた昭和30年代の商店街の再生に取り組んだ。観光客数も増え、移住にもつながっている。

（内閣官房のホームページをもとに作成。）

【参考】「のんびりゆったり大崎上島ぐるりマップ」（大崎上島町発行）

適性Ｂ―6

2 理科の授業で、てこの学習をした英美さんと智樹さんは、その数日後の科学クラブの活動の中で、学習で使った実験用のてこと、10gのおもり10個を使って授業について振り返っています。英美さんと智樹さんと先生の会話を読んで、あとの問いに答えなさい。

図1

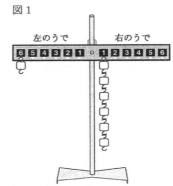

英美「てこが水平につり合うときの支点からの距離とおもりの重さについて調べたよね。左のうでの6のところに1個のおもりをつるしたとき、右のうでの1のところに6個のおもりをつるすとつり合ったよね。（図1）」

智樹「ノートに実験結果と実験からわかったことをまとめてあるよ。」

【智樹さんのノート】

〔目的〕てこが水平につり合うときのきまりを調べる。
〔方法〕① 左のうでに、支点からの距離6の位置におもりを1個つるす。
　　　② 右のうででおもりをつるし、てこが水平につり合うときの、支点からの距離とおもりの重さを調べる。（つり合う重さのおもりがないときは、－をつける。）

〔実験結果〕

	左のうで	右のうで					
支点からの距離	6	1	2	3	4	5	6
おもりの重さ（g）	10	60	30	20	－	－	10

〔わかったこと〕
○ てこをかたむけるはたらきは、おもりの重さ×支点からの距離　で表すことができる。
○ てこが水平につり合うときは、左のうでをかたむけるはたらき＝右のうでをかたむけるはたらきとなるから、つり合うときのきまりは、次の式で表すことができる。

左のうで		右のうで

（おもりの重さ）×（支点からの距離）＝（おもりの重さ）×（支点からの距離）

英美「実験が終わった後、左右のうでの2ヶ所にそれぞれおもりをつるしてつり合うところをさがすと、左右のうでにこのようにおもりをつるしたときにつり合ったんだよね。（図2）」

図2

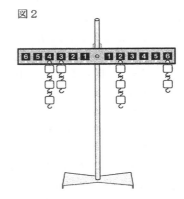

先生「これも、実験でわかったことを使うと説明できますね。実験でわかったことを使うと、右のうでの3ヶ所以上におもりをつるしてもつり合わせることができますよ。」

英美「おもしろそうだね。やってみようよ。」

智樹「じゃあ、ノートに表を書いて考えてみよう。」

【智樹さんのノート】

○　左右のうでの２ヶ所におもりをつるしてつり合ったとき。　　図３

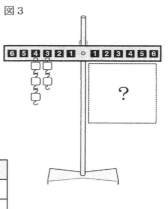

	左のうで		右のうで	
支点からの距離	4	3	2	6
おもりの重さ（g）	30	20	30	20

<u>左のうでをかたむけるはたらき＝右のうでをかたむけるはたらき</u>
になっているからつり合う。

○　左のうでの２ヶ所、右のうでの３ヶ所以上におもりをつ
　るしてつり合わせるには？（図３）

	左のうで		右のうで			
支点からの距離	4	3		?		
おもりの重さ（g）	30	20				

智樹「つり合っているときは、つり合うときのきまりにあてはまっているね。」

英美「ということは、３ヶ所以上にしてつり合わせるには　ア　つるせばつり合うね。」

智樹「確かに。　イ　＝　ウ　となって、左のうでと右のうでをかたむけるはたらきが等しく
　　　なっているね。」

（問１）

　英美さんと智樹さんの会話の　ア　に、おもりをつるす番号（３ヶ所以上）とそこにつるすおも
りの数を解答用紙の【解答のしかたの例】にしたがって書きなさい。また、　イ　と　ウ　に
は、それぞれのうでをかたむけるはたらきを示す式を書きなさい。ただし、使えるおもりは残ってい
る５個以内とする。

英美「てこがつり合うときのきまりを使っていると思う道
　　　具を、家の倉庫で見つけて写真をとってきたよ。（写
　　　真１）『竿ばかり』という道具で、昔はこれでものの
　　　重さをはかっていたそうよ。」

智樹「これで本当にものの重さがはかれるのかな。」

英美「本当にはかれるのか試してみたいね。」

先生「これは、実験でわかったことを使って考えれば、作る
　　　ことができますよ。ただし、持ち手が棒の中心からず
　　　れている場合は、棒の重さのことも考えなければいけ
　　　ません。例えば、長さが100cmで重さが100gの棒だと
　　　します。図４のように右から40cmのところに持ち手
　　　をつけた場合、棒の左が下にかたむきます。持ち手の
　　　左側の棒の重さが60g、右側の棒の重さが40gだから
　　　です。これは、持ち手の左側の棒の長さの半分の30cm
　　　の位置（ア▼）に60gのおもりを、持ち手の右の棒の
　　　長さの半分の20cmの位置（イ▼）に40gのおもりを
　　　つるしているのと同じだと考えるといいのです。」

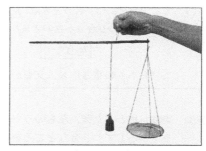

写真１　竿ばかり

図４

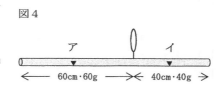

$$\longleftarrow \quad 60cm \cdot 60g \quad \longrightarrow \quad 40cm \cdot 40g \quad \longrightarrow$$

適性Ａ―５

智樹「わかりました。そこに気をつけて道具をそろえて作ってみよう。」

（問2）
　次の【使用する道具】を使って、「竿ばかり」を作製します。【作製するときの条件】に合うように、解答用紙の目盛りのついた棒に図や記号、数字を書き入れなさい。【解答の示し方】のように、かごをつける位置にはかごの図を、持ち手をつける位置には持ち手の図を、はかるものの重さが0g、100g、200g、……と、100gごとのおもりの位置には線の下側に▲をつけ、それぞれ▲の下には0gから100gごとの重さを示す数字を書き入れなさい。また、どのような考えでそのようにしたのかを、式や図などを使って書きなさい。

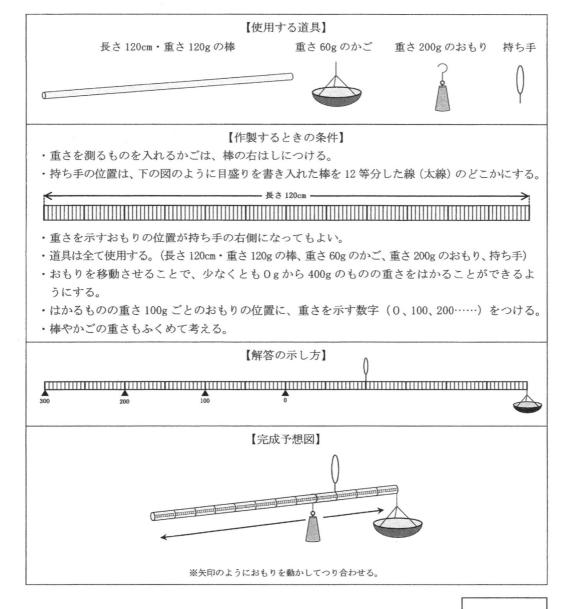

【使用する道具】

長さ120cm・重さ120gの棒　　　重さ60gのかご　　　重さ200gのおもり　持ち手

【作製するときの条件】
・重さを測るものを入れるかごは、棒の右はしにつける。
・持ち手の位置は、下の図のように目盛りを書き入れた棒を12等分した線（太線）のどこかにする。

├──────────── 長さ120cm ────────────┤

・重さを示すおもりの位置が持ち手の右側になってもよい。
・道具は全て使用する。（長さ120cm・重さ120gの棒、重さ60gのかご、重さ200gのおもり、持ち手）
・おもりを移動させることで、少なくとも0gから400gのものの重さをはかることができるようにする。
・はかるものの重さ100gごとのおもりの位置に、重さを示す数字（0、100、200……）をつける。
・棒やかごの重さもふくめて考える。

【解答の示し方】

　　300　　　　200　　　　100　　　　0

【完成予想図】

※矢印のようにおもりを動かしてつり合わせる。

適性A―6

K 教英出版

令和5年度

適 性 検 査 A

（9：30 ～ 10：15）

注　　　意

1　検査開始のチャイムがなるまで開いてはいけません。

2　問題冊子の1ページから6ページに，問題が □1 から □3 まであります。

　これとは別に解答用紙が2枚あります。

3　問題冊子と解答用紙に受検番号を書きなさい。

4　答えはすべて解答用紙に記入しなさい。

広島叡智学園中学校

受検番号	第　　　　　　　　番

1 真理さんは，校内の希望者を集めて，地域で行われる運動会のリレー競技に参加することにしました。リレー競技に参加するメンバーは，男子7人，女子5人の12人です。真理さんは，他のメンバーとともに，つくるチームの条件について話し合い，資料1のとおりメモにまとめました。

資料1【チームの条件をまとめたメモと50m走の記録】

(チームの条件)

・50m走の記録をもとにチームをつくる。
・男子2人と女子2人の4人，または，男子3人と女子1人の4人で構成されるチームを合計3つつくる。
・チームを構成する4人の記録を合計したものをチームの記録とし，一番速いチームの記録と一番遅いチームの記録の差が0.5秒以内になるようにする。

(50m走の記録)

選手番号	性別	記録（秒）
1	男	8.9
2	男	7.1
3	女	8.5
4	男	6.5
5	女	8.8
6	男	6.2

選手番号	性別	記録（秒）
7	女	6.8
8	女	8.1
9	男	9.2
10	男	6.9
11	男	8.3
12	女	7.8

(問い)

あなたが真理さんなら，どのようなチームをつくりますか。資料1の条件に合うチームをつくり，解答用紙のメンバー表を完成させなさい。

適性A—1

2　信夫さんと絵美さんは，プログラミングを用いた作品に興味を持ち，図形をかくことのできるプログラミングソフトで作品を制作しようとしています。プログラミングソフトでは，資料1のように，「線の長さ」や「回転する角度」を変化させながら線を引くことをくり返し，きれいな模様をかくことができます。信夫さんと絵美さんは，このプログラミングソフトの使い方について調べたところ，コンピュータに入力する命令などがまとめられている資料2の説明を見つけました。

資料1【プログラミングソフトで制作した作品の例】

資料2【信夫さんと絵美さんが見つけた説明】

┌──────────────┐
│ 線の引き方 │
└──────────────┘

キャラクターが進みながら直線を引く。

┌────────────────────────┐
│ 使用することのできる命令 │
└────────────────────────┘

命令	キャラクターの動きの説明
A（　　）	（　　）に入れた長さ（単位：cm）だけ，まっすぐ進む。
B（　　）	（　　）に入れた角度だけ，進行方向に向かって左に回転する。
C（　　）	（　　）に入れた角度だけ，進行方向に向かって右に回転する。
D（　　）	D（　　）とD（　　）で，はさまれた命令を（　　）に入れた回数だけ，くり返す。

┌────────────────┐
│ プログラムの例 │
└────────────────┘

次のようなプログラムを実行すると，1辺の長さが5cmの正方形をかくことができる。

1回目	2回目	3回目	4回目	5回目	6回目	7回目	8回目	9回目	10回目
D（3）	A（5）	B（90）	D（3）	A（5）					

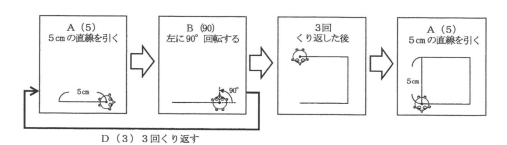

適性A—2

1回目	2回目	3回目	4回目	5回目	6回目	7回目	8回目	9回目	10回目

・命令は「プログラムをつくる画面」で行う。1回目から順に、それぞれの枠(わく)に、「使用することのできる命令」のいずれか1つを入力する。

・「使用することのできる命令」はプログラムの中で何度も使うことができる。

・すべての命令を入力し、最後に実行ボタンを押すと、プログラムが実行される。

　　信夫さんと絵美さんは、プログラミングソフトを使って図形をかこうとしています。次の会話は、信夫さんが資料3のようにホワイトボードにかいた星形正五角形の図を見ながら、2人が話したものです。

資料3【星形正五角形の図】

信夫「プログラミングの練習として、まずはこの図形をかいてみようよ。」

絵美「星の形は、いろいろな場面でよく使うよね。」

信夫「この形は星形正五角形といって、長さの等しい5本の線を結んでつくった図形になっているよ。」

　（問い）　信夫さんと絵美さんは、星形正五角形をかくために、どのようなプログラムをつくる必要がありますか。解答用紙の＜表＞に、入力する命令を、資料2の プログラムの例 のように書きなさい。また、解答用紙の＜求め方＞に、（　）に入れた数値(すうち)の求め方を書きなさい。命令を入力する回数は10回以内とし、一度引いた線の上を何度通過してもかまいません。なお、星形正五角形の大きさは問いません。

適性A―3

適 性 検 査 B

（10：45 ～ 11：30）

注　　意

1　検査開始のチャイムがなるまで開いてはいけません。

2　問題冊子の1ページから6ページに，問題が**1**から**2**まであります。

　これとは別に解答用紙が1枚あります。

3　問題冊子と解答用紙に受検番号を書きなさい。

4　答えはすべて解答用紙に記入しなさい。

受検番号	第　　　　　　　　番

1 別紙の【資料】について，次の問いに答えなさい。

（問い）　あなたは，【資料】からどのようなメッセージを読み取りましたか。読み取ったメッセージを，表現の工夫とその効果にふれながら書きなさい。

※　なお，【参考】として，【資料】の文字について，拡大などをしています。必要であれば活用してください。

適性B—1

【参考】

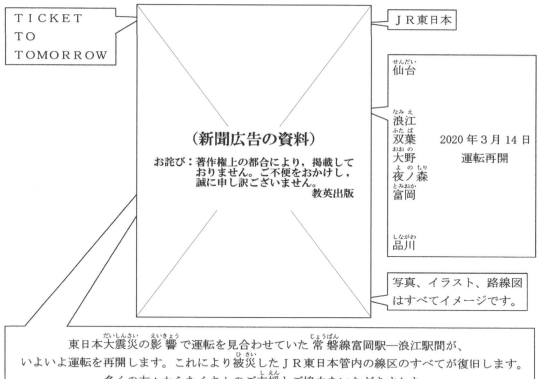

TICKET
TO
TOMORROW

ＪＲ東日本

仙台（せんだい）

浪江（なみえ）
双葉（ふたば）
大野（おおの）
夜ノ森（よのもり）
富岡（とみおか）

2020 年 3 月 14 日
運転再開

品川（しながわ）

（新聞広告の資料）

お詫び：著作権上の都合により，掲載しておりません。ご不便をおかけし，誠に申し訳ございません。
教英出版

写真、イラスト、路線図はすべてイメージです。

　　　東日本大震災（だいしんさい）の影響（えいきょう）で運転を見合わせていた常磐線（じょうばんせん）富岡駅—浪江駅間が、
いよいよ運転を再開します。これにより被災（ひさい）したＪＲ東日本管内の線区のすべてが復旧します。
　　　多くの方々からたくさんのご支援（しえん）とご協力をいただきました。
地元の方々、日本中の方々の運転再開を待ち望む声が多くの困難（こんなん）を乗り越える力になりました。
　　　それでも、まだまだ道半ば。これは復興への新しいスタートです。
いつの日か、何気ない日常を取り戻（もど）すために。被災地域（ちいき）のさらなる活性化に貢献（こうけん）するために。
　　　希望を乗せて、列車は再び走り出します。

（注）ＴＩＣＫＥＴ　ＴＯ　ＴＯＭＯＲＲＯＷ　＝　明日へのチケット。
　　　管内の線区　＝　管理・運営する路線や区間。

適性Ｂ—2

2 　わかばさんの学校では，ゼロ・ウェイストを宣言し，ごみ処理の工夫にとどまらず，ごみを生み出さない取組を進めている町を修学旅行で訪れました。

　　修学旅行後には，ふり返りとして，学びをどのような形で生かして持続可能な社会を実現していくのかをテーマに発表会を行います。発表会の様子は，保護者や地域の方，また修学旅行で訪れた施設の方にもインターネットを通じて発信します。

　　わかばさんのグループのメンバーは，発表会に向け，修学旅行の事前学習で活用した資料1・2に加えて，さらにごみ問題に関する資料3～5を集めて持ち寄り，話し合いました。

（注）ゼロ・ウェイスト ＝ 無駄，浪費，ごみをなくすこと。

資料1【日本における循環型社会に関わる取組の歴史】(2014年)

年代	国の主な取組
1960年代 ～1970年代	・高度成長によって増えた産業廃棄物や，公害への対策を行う。 ・環境を守るために廃棄物を処理する。
1980年代	・廃棄物を処理する施設を整備する。 ・環境を守りながら廃棄物を処理する。
1990年代	・廃棄物をなるべく出さないようにし，できるだけ再生利用する。 ・リサイクル制度を整える。 ・ダイオキシン類を含む有害物質への対策を行う。 ・廃棄物の種類・性状の多様化に応じて処理する仕組みを導入する。
2000年代	・循環型社会の形成を目指した3Rを推進する。 ・産業廃棄物の処理対策を強化する。 ・不法投棄への対策を強化する。

（環境省のホームページをもとに作成。）

資料2【日本国内における家庭ごみの量の推移】(2020年)

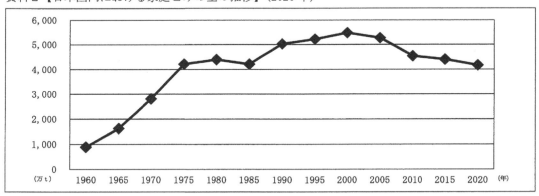

（環境省のホームページをもとに作成。）

誠に申し訳ございません。

教英出版

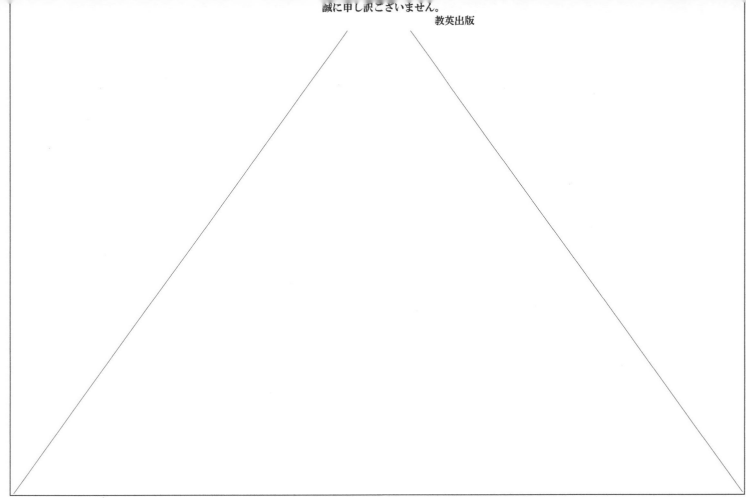

（日本新聞協会のホームページより。）

<求め方>

2

3

太さ（断面積）	長さ	予想した水の温度の変化
mm²	cm	℃
予想した理由		

2

選んだ資料の番号	

2

課題

解決策

受検番号 第　　　　番

適性検査 B　解答用紙

得点　※100点満点
（配点非公表）

適性検査 A　解答用紙（その２）

1

明里さんの予想についての考察

用いる【図】の記号	
考察	

光太さんの予想についての考察

用いる【図】の記号	

適性検査Ａ　解答用紙（その１）

1

＜メンバー表＞

【１つ目のチーム】		
選手番号	性別	記録(秒)

チームの記録（秒）	

【２つ目のチーム】		
選手番号	性別	記録(秒)

チームの記録（秒）	

【３つ目のチーム】		
選手番号	性別	記録(秒)

チームの記録（秒）	

＜表＞

1回目	2回目	3回目	4回目	5回目	6回目	7回目	8回目	9回目	10回目

(別紙) 【資料】新聞広告 (2020年)

(新聞広告の資料)

資料3【様々な機能を付け加えたごみ処理施設の様子】（2022年）

高効率ごみ発電施設

汚泥再生処理センター

管理棟

のびのび広場

緑の散策道

わんぱく広場

足湯

エコ広場

（広島中央エコパークのホームページより。）

（注）汚泥　＝　よごれたどろ。
　　　管理棟　＝　管理の中心となる建物。

適性Ｂ―4

資料４【海岸に漂着した人工ごみの種類別重量と割合の変化】（2020年）

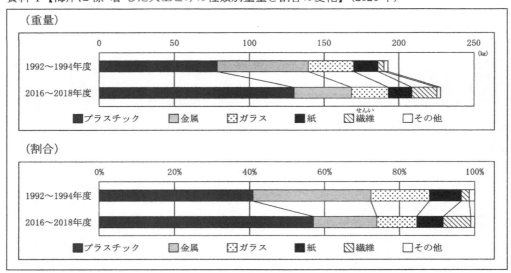

（公益財団法人かながわ海岸美化財団のホームページをもとに作成。）

資料５【主な国や地域におけるプラスチック包装容器の年間排出量】（2014年）

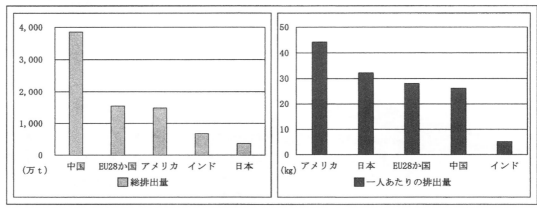

（環境省のホームページをもとに作成。）

適性Ｂ―５

（問い）

　　あなたがわかばさんなら，持続可能な社会の実現に向け，どのような課題があると考え，どのような解決策を提案しますか。次の条件にしたがって書きなさい。

（条件）

・資料３～５のうち１つ以上の資料を選び，資料１・２と関連付けながら書くこと。
・解答用紙の所定の欄に，あなたが選んだ資料の番号，課題及び解決策をそれぞれ書くこと。

③ 　明里さんと光太さんは，理科室で飼育している魚の世話係をしています。気温が下がり，水そうの水の温度が低くなってきたので，魚に適した水の温度にするため，水そう用のヒーターを資料1のように取り付けました。次の1・2の問いに答えなさい。

1　ヒーターに興味を持った明里さんと光太さんは，そのしくみについて先生に相談しました。次の会話は，そのときに明里さんと光太さんと先生が話したものです。

資料1 【水そうに取り付けたヒーター】

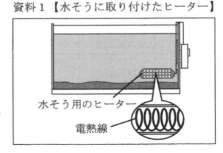

明里「水そう用のヒーターは，どのようにして水の温度を上げているのですか。」

先生「このヒーターには，電熱線という金属の線が使われています。電熱線は電気を熱に変える器具です。このヒーターは，電熱線に電流を流すことで発生する熱を利用して水の温度を上げています。電気ストーブや電気ポットにも電熱線が使われていますよ。」

光太「電熱線はいろいろなものに使われているのですね。電熱線について，もっと調べてみたいな。」

先生「かん電池に電熱線をつなぐと電流が流れるので，実験できますよ。」

明里「かん電池や電熱線の数によって発生する熱の量が変わりそうですね。」

先生「では，どうすれば電熱線から発生する熱の量を大きくできると思いますか。」

明里「私は，かん電池の数を増やせば，発生する熱の量が大きくなる　と思います。」

光太「私は，電熱線の数を増やせば，発生する熱の量が大きくなる　と思います。」

先生「それでは，実験してみましょう。電熱線から発生する熱の量の大きさは，電熱線を水に入れて，その水の温度がどれだけ上がったかで比べましょう。」

　明里さんと光太さんは，資料2のような方法で実験を行い，実験内容と結果について資料3のようにまとめました。

資料2 【かん電池と電熱線を使った実験の方法】

① 　熱が逃げにくい容器に水50mLを入れ，実験前の水の温度をはかる。

② 　図のように，かん電池につないだ電熱線を水の中に入れ，よくかき混ぜながら5分後の水の温度をはかる。

③ 　かん電池と電熱線それぞれの数やつなぎ方を変えて，①と②をくり返す。

　ただし，複数の電熱線をつなぐ場合は，同じ容器にすべての電熱線を入れて水の温度をはかる。また，かん電池はすべて新品で同じ種類のものを使用し，電熱線はすべて太さや長さが同じものを使用する。

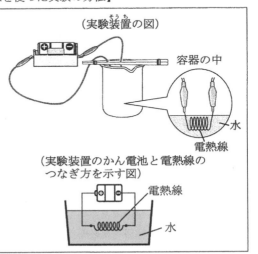

（実験装置の図）

容器の中

水

電熱線

（実験装置のかん電池と電熱線のつなぎ方を示す図）

電熱線

水

資料３【かん電池と電熱線のつなぎ方及び発生する熱の量の関係を調べる実験と結果】

（実験内容）かん電池と電熱線を あ～け の図のようにつないで，それぞれ実験した。

【図】

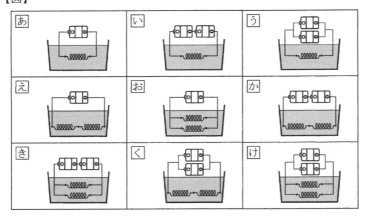

（結果）

電熱線	あ	い	う	え	お	か	き	く	け
実験前の水の温度（℃）	25.2	25.2	25.1	24.9	24.9	24.9	24.8	24.7	24.7
５分後の水の温度（℃）	28.8	39.6	28.7	26.7	32.1	32.1	53.6	26.5	31.9

（問い）　「かん電池の数を増やせば，発生する熱の量が大きくなる」という明里さんの予想と「電熱線の数を増やせば，発生する熱の量が大きくなる」という光太さんの予想について，資料３の結果をふまえ，話し合うこととします。あなたが明里さんや光太さんなら，それぞれの予想について，資料３のどの【図】を用いて，どのように考察しますか。解答用紙に，あ～け のうち，用いるすべての【図】の記号と考察をそれぞれ書きなさい。

2　明里さんと光太さんは，電熱線の太さや長さのちがいが発生する熱の量に関係するのではないかということに気づき，新たに実験を行うこととしました。次の会話は，そのときに明里さんと光太さんと先生が話したものです。

光太「さっきの実験では，太さや長さが同じ電熱線を使いましたが，太さや長さのちがう電熱線を使うと，発生する熱の量が変わるのではないでしょうか。」

先生「その通りです。電熱線の太さや長さは，発生する熱の量に関係しています。どのような関係があると思いますか。」

明里「私は，太い電熱線ほど，発生する熱の量が大きくなると思います。」

光太「私は，長い電熱線ほど，発生する熱の量が大きくなると思います。」

明里「太さのちがう電熱線を必要な長さに切って，発生する熱の量を調べてみようよ。」

適性Ａ―５

明里さんと光太さんは，先生に教わりながら理科室にある電熱線を使って，太さと長さの違う電熱線を何本かつくり，資料4の実験を行いました。

資料4【電熱線の太さや長さと発生する熱の量の関係を調べる実験の方法と結果】

（実験の方法）
① 電熱線を必要な長さに切り，えんぴつに巻き付けてコイル状にする。
② 熱が逃げにくい容器に水 50mL を入れ，実験前の水の温度をはかる。
③ 直列つなぎのかん電池2個に①でつくった電熱線をつないで，水の中に入れ，よくかき混ぜながら5分後の水の温度をはかる。
④ 電熱線の太さや長さを変えて，①～③をくり返す。

（明里さんがつくった電熱線と実験の結果）
・長さが 30cm で太さ（断面積）がそれぞれ 0.1mm²，0.2mm²，0.3mm²，0.6mm² の電熱線

電熱線の太さ（断面積）	0.1mm²	0.2mm²	0.3mm²	0.6mm²
実験前の水の温度（℃）	25.3	25.2	25.1	25.1
5分後の水の温度（℃）	27.3	29.2	31.1	37.1

　（注）mm² は面積の単位で，1辺が1mm の正方形の面積を1平方ミリメートルといい，1mm² と書く。

（光太さんがつくった電熱線と実験の結果）
・太さ（断面積）が 0.1mm² で長さがそれぞれ5cm，10cm，20cm，30cm の電熱線

電熱線の長さ	5cm	10cm	20cm	30cm
実験前の水の温度（℃）	25.1	25.1	24.9	24.8
5分後の水の温度（℃）	37.1	31.1	27.9	26.8

（実験後に残った3本の電熱線）
・太さ（断面積）0.2mm² で長さ 25cm
・太さ（断面積）0.3mm² で長さ 20cm
・太さ（断面積）0.6mm² で長さ 12cm

明里「実験の結果を見ると，電熱線の太さや長さと発生する熱の量には関係がありそうだね。」
光太「そうだね。電熱線の太さと長さがわかれば，この関係を使って，発生する熱の量の予想ができそうだよね。」

（問い）　明里さんと光太さんは，資料4の（実験後に残った3本の電熱線）のうち1本を使って，資料4と同じ方法で実験を行うこととします。あなたが明里さんや光太さんなら，どの太さ（断面積）の電熱線をどれだけの長さ使い，どれだけ水の温度が変化すると予想しますか。解答用紙に，使う電熱線の太さ（断面積）と長さ，予想した水の温度の変化，予想した理由をそれぞれ書きなさい。なお，電熱線は切って長さを変えてもかまいませんが，コイル状にするために5cm 以上の長さとします。

適 性 検 査 A

（9：30～10：15）

|　　　　　　　　　　注　　　意

1　検査開始のチャイムがなるまで開いてはいけません。

2　問題用紙の1ページから6ページに，問題が **1** から **2** まであります。

　これとは別に解答用紙が2枚あります。

3　問題用紙と解答用紙に受検番号を書きなさい。

4　答えはすべて解答用紙に記入しなさい。

広島叡智学園中学校

受検番号	第　　　　　　番

1 翔太さんと陽菜さんが通う学校では，海外の学校の生徒を招待し，35人の参加者で，交流会の開催と植物についての調査を予定しています。次の1・2の問いに答えなさい。

1 翔太さんと陽菜さんは，交流会で地域特産の果物Aと果物Bをしぼって2種類のジュースをつくることにしました。その準備として，参加者からつくりたいジュースについての希望をとり，資料1にまとめました。

資料1【つくりたいジュースについての希望】

> 参加者35人のうち，果物Aのジュースをつくりたいと希望している人が12人，果物Bのジュースをつくりたいと希望している人が18人，どちらでもよいという人が5人である。

次に，翔太さんと陽菜さんは，学校の近くにあるお店で，果物Aと果物Bを買い，それぞれの果物1個からどれくらいの量のジュースをつくることができるかを調べ，資料2に整理しました。また，このお店で売られている果物の1袋に入っている個数と1袋の値段は，資料3のとおりです。さらに，資料4にジュースをつくる際の条件をまとめました。

資料2【果物Aと果物Bからつくることができるジュースの量】

種類	果物1個からつくることができるジュースの量（mL）
果物A	75
果物B	100

資料3【お店で売られている果物Aと果物Bの1袋に入っている個数と1袋の値段】

種類	1袋に入っている個数（個）	1袋の値段（円）
果物A	3	360
	5	560
果物B	3	450
	4	580

※消費税はそれぞれの値段にふくむ。

資料4【ジュースをつくる際の条件】

> ・1人分のジュースの量は，紙コップに入る180mLとする。
> ・参加者の希望どおりのジュースをつくる。ただし，どちらでもよいという人については，果物Aまたは果物Bのどちらか一方のジュースをつくれるようにする。
> ・予備として，果物Aと果物Bのジュースをそれぞれ1人分以上多めにつくる。
> ・予算は，10000円以内とする。

適性A―1

【適

（問い）　翔太さんと陽菜さんは，交流会で地域特産の果物を使ったジュースをつくるために，果物Ａと果物Ｂの入った袋をそれぞれ何袋買う必要がありますか。解答用紙の＜表＞に，買う必要がある袋の数を書きなさい。また，解答用紙の＜求め方＞に，その求め方を書きなさい。

2　翔太さんと陽菜さんが，植物について定期的に調査している広場で，海外の学校の生徒とともに，
　35人の参加者が7人ずつの5つのグループに分かれて調査を行います。翔太さんと陽菜さんは，
　各グループが調査する場所を決めるための情報を，資料5と資料6にまとめました。

資料5【方眼紙にかいた広場の図】

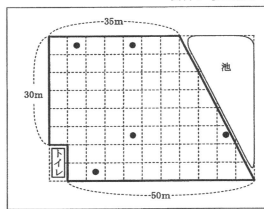

太い線で囲まれた広場の中を調査する。
●印は，木を表している。

資料6【広場を区切る際の条件】

・各グループの面積が同じになるように，広場の全体を5つの場所に区切る。
・各グループが調査する場所の形は，すべて四角形とする。
・5つに区切ったどの場所にも，木が1本ずつふくまれるようにする。
・区切り方を示す線は，木に重ならないようにする。

（問い）　翔太さんと陽菜さんは，各グループが調査する場所を決めるために，どのように広場を
　　　　区切る必要がありますか。解答用紙の＜図＞に，区切り方を示す線をかきなさい。

適性A―3

適 性 検 査 B

（１０：４５～１１：３０）

注　　意

1　検査開始のチャイムがなるまで開いてはいけません。

2　問題用紙の１ページから２ページに，問題が①から②まであります。

　これとは別に解答用紙が１枚あります。

3　問題用紙と解答用紙に受検番号を書きなさい。

4　答えはすべて解答用紙に記入しなさい。

受検番号	第　　　　番

1 次の文章は、内田 樹さんが書いた「先生はえらい」の一部です。これを読んで、あとの問いに答えなさい。

子どもが母国語を学習するときのことを考えてください。

子どもは「ことば」というのが何であるかをまだ知りません。

「ぼくもそろそろ学齢期だから、日本語をちゃんと勉強しておかないとね」というような合理的判断を下した上で母国語の学習を始めた子どもはおりません。

すでにことばによるコミュニケーションの現場に引き出されています。子どもはまだことばを知りません。しかし、自分にむかって語りかける母親のことばを聴いているとき、子どもはまだことばを知りません。しかし、すでにことばによるコミュニケーションの現場に引き出されています。言い換えれば、子どもはまだことばに絶対的に遅れて生まれます。言い換えれば、子どもは「すでにゲームが始まっており、そのゲームの規則を知らないままに、プレイヤーとしてゲームに参加させられる」という仕方でことばに出会うわけです。

にもかかわらず、子どもはやがて人々の語ることばの意味を一つ一つ発見してゆきます。それは、大人たちが「ことばには意味がある」ということを教えたからではありません。ある音声がなにかそれとは違うものを記号的に代理表象することができるという「ことばの規則」そのものを知るわけではありません。子どもはことばの中に投げ込まれているから、知るわけないんです。

このプロセスの驚嘆すべきところは、規則を知らないゲームをしているうちにプレイヤーがその規則を発見するという逆説のうちにあります。

まわりの人々の発する音声が意味を伝える記号であることがわかったのは、意味不明の音声について、「これは何かを伝えようとしているのではないか?」という問いを子どもが立てることができたからです。

この謎めいた音声は何かのメッセージではないのか?これらの記号の配列には何らかの規則性があるのではないか?

これがすべての学びの根源にある問いかけです。

学ぶことの全行程はこの問いを発することができるかどうかにかかっています。

そして、「そうすることで、あなたは何を伝えたいのか?」という起源の問いは問うもの自身が発する以外にはありません。誰も彼に代わって、この問いを発することはできません。

私が「学びの主体性」と呼ぶのはこのことです。

(内田樹『先生はえらい』ちくまプリマー新書)

(注)
母国語＝自分の生まれた国の言葉。
学齢期＝小学校に入るべき年齢。
代理表象＝代わりに表すこと。
プロセス＝物事が進行していく道筋。
逆説＝一見正しくないように見えることが実は正しいこと。または、その逆。

(問い)
　あなたは、この文章を通して、筆者が伝えたいことは何だと考えますか。また、筆者の伝えたいことに対して、あなたはどのような考えをもちましたか。次の条件にしたがって書きなさい。

(条件)
・この文章を通して、筆者の伝えたいことを書くこと。
・筆者の伝えたいことに対する自分の考えについて、これまでの経験をふり返り、具体例をあげながら書くこと。
・300字以上400字以内にまとめて書くこと。

適性B—1

【適

<図>

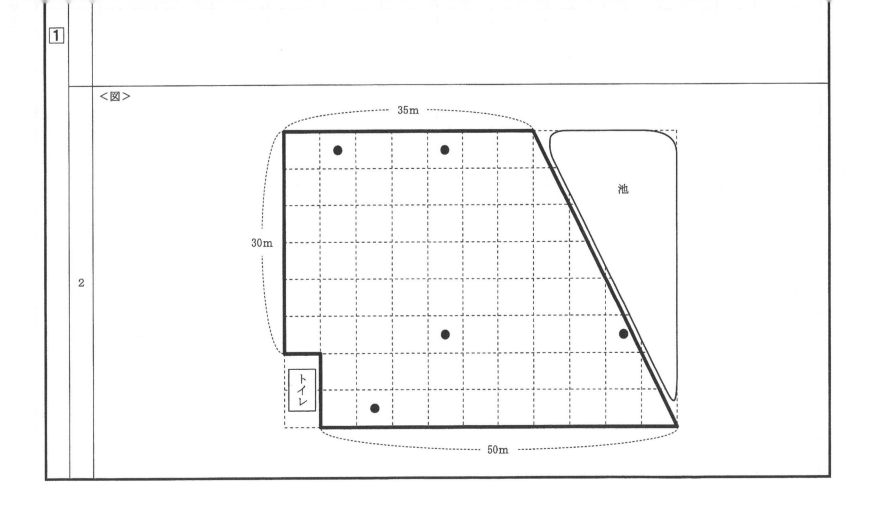

E	白											
F	白											
	赤											
G	ピンク											
	白											
H	赤											

2

＜考え方＞

適性検査B　解答用紙

1

受　検　番　号

第　　　　　番

※100点満点
（配点非公表）

得　　　点

200
字

100
字

00
字

2	
解　決　策	課　題

選んだ資料の番号

400
字

【解答用

受検番号	第	番

適性検査 A　解答用紙（その２）

《解答の記入例》

花の種類	色	プランターを並べる時期，その時期に並べるプランターの個数											
		4月	5月	6月	7月	8月	9月	10月	11月	12月	1月	2月	3月
A	黄									←―――	20個	――→	

※プランターを並べる時期は，矢印をかいて示し，矢印の下にその時期に並べるプランターの個数を書くこと。

※育てない花については，何も書かないこと。

花の種類	色	プランターを並べる時期，その時期に並べるプランターの個数											
		4月	5月	6月	7月	8月	9月	10月	11月	12月	1月	2月	3月
A	黄												
	青												
B	黄												
	オレンジ												
C	ピンク												
	オレンジ												

適性検査 A　解答用紙（その1）

※100点満点
（配点非公表）

得点

1

<表>

	果物A		果物B	
1袋に入っている個数	3個	5個	3個	4個
買う必要が ある袋の数	袋	袋	袋	袋

<求め方>

2　こずえさんのクラスでは，総合的な学習の時間にポスターセッションを行い，様々な課題についてグループごとに解決策を提案します。こずえさんは，給食の食べ残しがたくさんあることが，日頃から気になっていました。そこで，世界のそれぞれの地域でどれくらいの食料が捨てられているのか，また，どれくらいの人が飢えで困っているのかについて，今後の予測を含む世界の人口の移り変わりとともに調べ，資料1～3にまとめて，食料問題についてグループで話し合いました。

　さらに，生産から消費までのそれぞれの段階で捨てられる食料の割合が地域によって異なることに興味を持ち，日本国内の加工・流通・消費段階での食品ロス※1に関連することがらについてくわしく調べ，資料4・5にまとめました。また，グループの他のメンバーは，政府開発援助の様子が分かる写真を資料6として持ち寄りました。

　あなたがこずえさんのグループメンバーの一人なら，食料に関してどのような課題があると考え，どのような解決策を提案しますか。資料1～6の中から，複数の資料を関連付けながら，発見した課題とその解決策を文章で書きなさい。

　なお，解答用紙の所定の欄に，あなたが選んだ資料の番号を書くこと。

※1　食品ロス……本来食べられるのに捨てられている食料。

資料1【一人当たりの地域別段階別食料廃棄の量】(2011年)

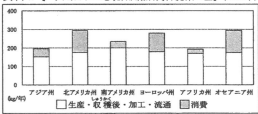

（国際農林業協働協会のホームページをもとに作成。）

資料2【地域別の飢餓人口】(2018年)

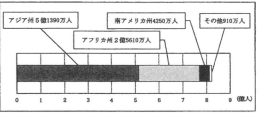

（ユニセフのホームページをもとに作成。）

資料3【地域別人口の移り変わり】(2018年)

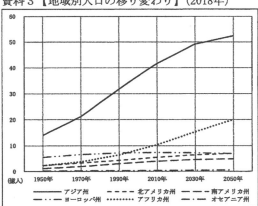

（総務省のホームページをもとに作成。）

資料4【日本の段階別食品ロスの量】(2017年)

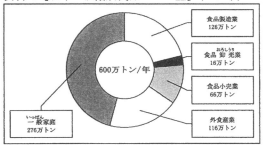

（農林水産省のホームページをもとに作成。）

資料6【アフリカ州で米作りの技術を伝える様子】(2013年)

（国際協力機構のホームページより。）

資料5【日本国内のフードバンク※2団体数の移り変わり】(2018年)

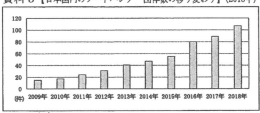

（消費者庁のホームページをもとに作成。）

※2　フードバンク……捨てられてしまう食料品を必要とする人や団体に届ける活動をする団体。

適性B―2

K 教英出版

問題は，次のページに続きます。

2 知美さんと英樹さんは，委員会活動で，来年度に向けて，季節の花を中庭のまわりに並べる活動を計画しています。知美さんと英樹さんは，委員会で話し合って決めたことや花を育てるための情報を，資料1〜4にまとめました。あとの問いに答えなさい。

資料1【委員会で話し合って決めたこと】

- ・4月から1年間，中庭のまわりに，いつでも3色の花がさいているようにする。
- ・1個のプランターで1種類の花を育て，その花の色は1色とする。
- ・資料2のア〜エのそれぞれの場所には，資料3のように，さいた花が植えてあるプランターをすきまなく1列に並べる。
- ・資料2のア〜エのそれぞれの場所には，同じ時期に，1種類の同じ色の花が植えてあるプランターだけを並べる。
- ・資料4の花A〜Hの8種類の中から必要な花を選ぶ。
- ・中庭とはちがう場所で，プランターで花を育てておき，中庭のまわりに並べる時期になったら，それまで中庭のまわりに並べていたプランターといれかえる。
- ・花がさく時期の一部の期間だけ，さいた花が植えてあるプランターを中庭のまわりに並べてもよいことにする。例えば，花Aは，花がさく時期が11月中旬から6月中旬までであるが，その一部の期間である12月上旬から2月下旬まで，並べることにしてもよい。

資料2【中庭のまわりの様子を表した図】

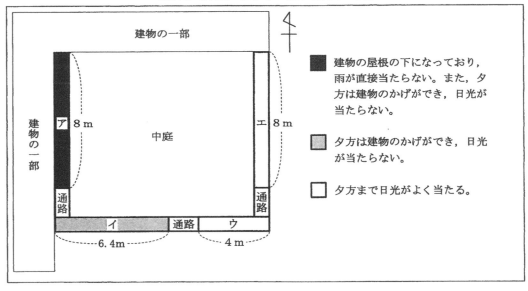

資料3【プランターをすきまなく並べた図】

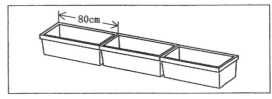

資料４【花の色，プランターを並べるのに適した場所，花がさく時期】

花の種類	① 花の色　② プランターを並べるのに適した場所　③ 花がさく時期を ◄──► で表す。
A	① 黄・青 ② 中庭のまわりのどこでもよく育つ。 ③ 4月／5月／6月／7月／8月／9月／10月／11月／12月／1月／2月／3月　（さく時期：4月～6月，11月～12月あたり）
B	① 黄・オレンジ ② 中庭のまわりのどこでもよく育つ。 ③ 4月／5月／6月／7月／8月／9月／10月／11月／12月／1月／2月／3月　（さく時期：4月～6月，12月あたり）
C	① ピンク・オレンジ ② 中庭のまわりのどこでもよく育つ。 ③ 4月／5月／6月／7月／8月／9月／10月／11月／12月／1月／2月／3月　（さく時期：6月～7月）
D	① 黄 ② 中庭のまわりのどこでもよく育つ。 ③ 4月／5月／6月／7月／8月／9月／10月／11月／12月／1月／2月／3月　（さく時期：7月～11月）
E	① ピンク・白 ② 雨が直接当たらない場所であれば，よく育つ。 ③ 4月／5月／6月／7月／8月／9月／10月／11月／12月／1月／2月／3月　（さく時期：8月～10月）
F	① 白 ② 雨が直接当たらない場所であれば，よく育つ。 ③ 4月／5月／6月／7月／8月／9月／10月／11月／12月／1月／2月／3月　（さく時期：10月～3月）
G	① 赤・ピンク・白 ② 夕方，日光が当たらない場所であれば，よく育つ。 ③ 4月／5月／6月／7月／8月／9月／10月／11月／12月／1月／2月／3月　（さく時期：6月～10月）
H	① 赤 ② 夕方，日光が当たらない場所であれば，よく育つ。 ③ 4月／5月／6月／7月／8月／9月／10月／11月／12月／1月／2月／3月　（さく時期：7月～11月）

(問い)　知美さんと英樹さんは，どの種類のどの色の花のプランターを，いつ，何個，中庭のまわりに並べる計画を立てますか。プランターを並べる時期，その時期に並べるプランターの個数を，解答用紙の《解答の記入例》にしたがって書きなさい。また，プランターを並べる時期をどのように決めたのかを，解答用紙の＜考え方＞に書きなさい。

【適

令和３年度

適 性 検 査 Ａ
（９：３０～１０：１５）

注　　意

1　検査開始のチャイムがなるまで開いてはいけません。

2　問題用紙の１ページから６ページに，問題が □1 から □2 まであります。

　これとは別に解答用紙が２枚あります。

3　問題用紙と解答用紙に受検番号を書きなさい。

4　答えはすべて解答用紙に記入しなさい。

広島叡智学園中学校

受検番号	第	番

1 修くんは，家庭科の授業で学んだことを生かして，エプロンをお母さんに，クッションカバーをお父さんとお母さんに，そして，ランチョンマットを家族4人分作ることにしました。

修くんは手芸店で布を買うための準備として，資料1【エプロンの型紙】，資料2【クッションカバーの型紙】，資料3【ランチョンマットの型紙】を作り，資料4【布を買うために必要な情報】をまとめました。

資料1【エプロンの型紙】

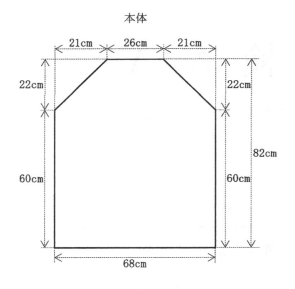

資料2【クッションカバーの型紙】

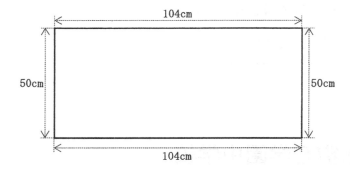

資料3【ランチョンマットの型紙】

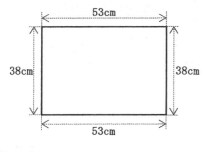

適性A—1

・すべての種類の型紙は、ぬいしろを含めて作っている。
・エプロンはポケットを1つ付けて作る。このとき、エプロンの本体とエプロンのポケットは、異なる2種類の布を使って作る。
・クッションカバーは、同じ大きさのものを2枚作る。ただし、異なる2種類の布で作る。
・ランチョンマットは、同じ大きさのものを4枚作る。ただし、異なる2種類の布を使ってそれぞれ2枚ずつ作る。
・布を買う予算は2000円以内とする。

　次に、修くんは布を買うために家の近くの手芸店を訪れました。いろいろな種類の布の中から、修くんは、異なる2種類の布を買おうと考えています。この手芸店では、資料5【布の買い方】にあるように、幅が決まった布を長さ10cmごとに注文することができます。そして、資料6【布の幅と布の長さ1mあたりの値段】にあるように、その長さに応じた値段で買うことになります。

資料5【布の買い方】

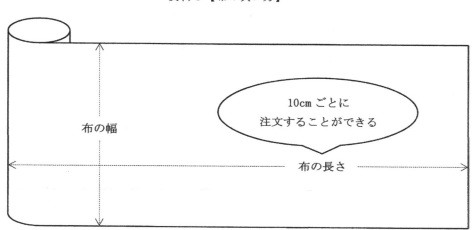

布の幅

10cmごとに
注文することができる

布の長さ

資料6【布の幅と布の長さ1mあたりの値段】

種類	布の幅（cm）	布の長さ1mあたりの値段（円）
布①	105	700
布②	134	800

あなたが修くんなら，布①と布②を注文する長さをそれぞれ何 cm にしますか。次の〔修くんの考え〕の A ～ F を《記入方法》に従ってうめて完成させなさい。ただし，同じ記号の には同じものが入ります。

〔修くんの考え〕

　　私はまず， A を使ってエプロンの本体を作ることに決めました。型紙の置き方を分かりやすくするために，資料１【エプロンの型紙】の本体の型紙の形を，縦 82cm，横 68cm の長方形として考えることにしました。そして，エプロンの本体の型紙を布の右上の角に合わせ， B の向きに置くことを決めました。
　　　　　　　　　　 C
　　その結果，布①を D cm，布②を E cm 注文することを考え，代金を計算すると F となるので，予算内で買うことができることが分かりました。したがって，布①を D cm，布②を E cm 注文することに決めました。

資料７【エプロンの本体を作るために型紙を置く向き】

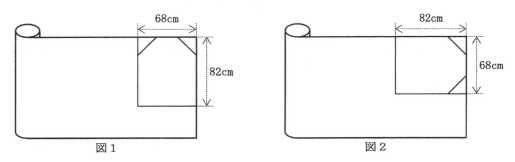

図１　　　　　　　　　　　　　　図２

《記入方法》

・ A には，資料６【布の幅と布の長さ１ｍあたりの値段】から，布①か布②のどちらか一方を書き入れること。
・ B には，資料７【エプロンの本体を作るために型紙を置く向き】から，図１か図２のどちらか一方を書き入れること。
・ C には，布①と布②から，エプロンのポケット，クッションカバー，ランチョンマットをどのように切り分ければよいか，考え方を説明すること。なお，考え方の説明は図を使っても文章でもよい。
・布①を注文する長さは何 cm になるか， D に数を書き入れること。
・布②を注文する長さは何 cm になるか， E に数を書き入れること。
・ F には，布の代金を求めるための式と代金を書き入れること。

適性A―3

適 性 検 査 B

（１０：３５〜１１：２０）

注　　　意

1　検査開始のチャイムがなるまで開いてはいけません。

2　問題用紙の１ページから２ページに，問題が ①から②まであります。

　これとは別に解答用紙が１枚あります。

3　問題用紙と解答用紙に受検番号を書きなさい。

4　答えはすべて解答用紙に記入しなさい。

受検番号	第	番

1 次の文章は，内山 節さんが書いた「『里』という思想」の一部です。これを読んで，あとの問いに答えなさい。

言葉は単なる表示記号ではないのである。その言葉を用いて人々は思考する。そして，その言葉とともに蓄積された精神や感覚が，新しい力をその言葉に付け加えていく。だから，たとえば「桜が咲いた」という言葉は，桜という木の花が開いたということを表現しているだけではない。それは冬が最終的に終わったことを，そして野山が緑におおわれていく日の到来を，そして農民ならば，本格的な農業の季節がきたことをあらわす言葉である。私たちは「桜が咲いた」という言葉のなかに，そういったさまざまな意味と，何となく訪れた開放感を感じとる。

言葉を用いた人間同士のコミュニケーションは，そのことによって成立してきた。言葉が単なる表示記号なら，「桜が咲きはじめましたね」「本当に，ようやく」というような会話をとおして成立しているコミュニケーションは，言葉とともに蓄積されてきたさまざまな思いがあるからこそ可能なものなのである。

すると言葉の変化は，その言葉を用いておこなわれる思考を変えるばかりでなく，言葉を用いたコミュニケーションの内容まで変えてしまうのではなかろうか。

言葉は本質的にローカルなものである。なぜなら言葉に付着しているこのような意味合いは，その地域における長い時間がつくりだしたものであり，その地域がつくりだしてきた風土から離れることはできないからである。だから言葉のローカル性を否定するなら，それは，自分たちの暮らす地域の文化や風土，そこに流れ蓄積されてきた時間を，人間が読みとれなくなっていくことを意味する。

もしかすると，二十世紀なのかもしれない。アジアやアフリカ，アメリカには，言葉を破壊してきた時代なのかもしれない。アジアやアフリカ，アメリカの先住民たちの精神や文化は，彼らの言葉によってしか伝えられなかったはずなのに，英語やスペイン語はそれを破壊してしまった。同じことが日本でも，アイヌの言葉の破壊によってもたらされている。

二十世紀の言葉の国際化は，言葉のローカル性や，そこに付着している精神や文化，時間を認めあう方向へはすすまず，経済や政治，軍事力をもつ言葉が支配権を確立し，風土とともにあった精神や文化を破壊する役割をはたしてしまったのである。

（注）蓄積＝物や力などをためること。
　　　本質＝物ごとのいちばんもとになる，たいせつな性質。
　　　ローカル＝地方の。
　　　公用語＝国や組織が，おおやけの文書・発言などで使うことば。

（内山節『「里」という思想』新潮社刊）

（問い）

　あなたは，この文章を通して，筆者が伝えたいことは何だと考えますか。また，筆者の伝えたいことに対して，あなたはどのような考えをもちましたか。次の条件にしたがって書きなさい。

（条件）

・この文章を通して，筆者の伝えたいことを書くこと。

・筆者の伝えたいことに対する自分の考えについて，これまでの経験をふり返り，具体例をあげながら書くこと。

・300字以上400字以内にまとめて書くこと。

1

D		cm	E		cm

F	式	
	代金	円

16:30			
17:00			

1

適性検査Ｂ　解答用紙

受　検　番　号

第　　　　番

※100点満点
（配点非公表）

得　　点

300
字

200
字

100
字

解　決　策	課　題	選んだ資料の番号

400
字

【解答用

適性検査 A　解答用紙（その２）

2

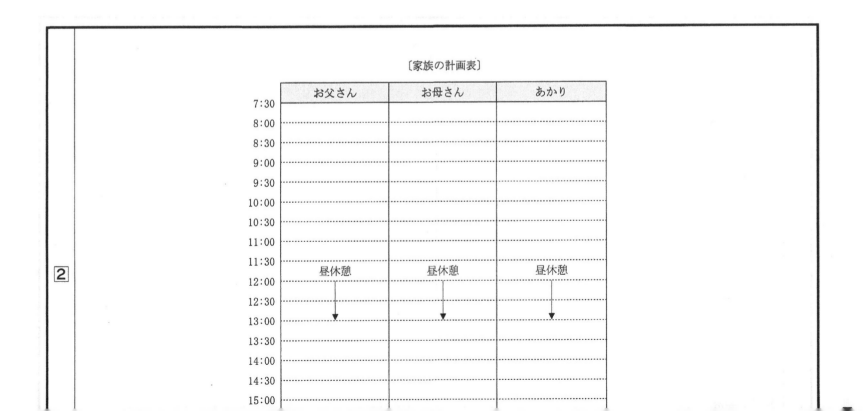

〔家族の計画表〕

	お父さん	お母さん	あかり
7:30			
8:00			
8:30			
9:00			
9:30			
10:00			
10:30			
11:00			
11:30			
12:00	昼休憩	昼休憩	昼休憩
12:30	↓	↓	↓
13:00			
13:30			
14:00			
14:30			
15:00			

叡
適A
解

受検番号	第	番

適性検査 A　解答用紙（その１）

※100点満点
（配点非公表）

得	
点	

A		B	

布①

C

2 紀子さんは夏休み前に行われた「水についての特別授業」で，先生から「地球全体の水をおふろの水に見立てると，私たち人類が生活に利用できる水はスプーン１ぱい分しかありません」という話を聞いてとても驚きました。そして，改めて「水」について調べたいと思い，夏休みの自由研究のテーマを「水」とし，「水」に関してどのような課題があるかを調べ，その解決策を提案することにしました。

まず紀子さんは，水の使われ方を調べるため，両親や兄にも協力してもらいながら，自宅で１週間分のデータをとって１日あたりの生活用水使用量の平均値を出し，それを資料１にまとめました。また，農産物や身の回りのさまざまな製品が作られていく過程でも水が使われていることを知り，どのようなものにどれくらいの水が使われているかを調べ，それを資料２と３にまとめました。そして，それらの農産物や製品には，世界中から輸入しているものもあることを知り，世界の水事情について調べようと考え，資料４〜６を集めてきました。

あなたが紀子さんなら，「水」に関してどのような課題があると考え，どのような解決策を提案しますか。資料１〜６の中から，複数の資料を関連付けながら，発見した課題とその解決策を文章で書きなさい。

なお，解答用紙の所定の欄に，あなたが選んだ資料の番号を書くこと。

資料１【紀子さんの家（４人家族）での１日あたりの生活用水使用量】

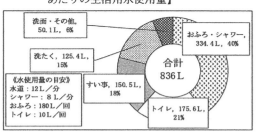

資料２【農産物の生産に必要な水の量】

農産物	分量	生産に必要な水の量	農産物	分量	生産に必要な水の量
牛肉	500g	10300 L	キャベツ	700g	82 L
ぶた肉	500g	2950 L	じゃがいも	500g	93 L
米	5 kg	18481 L	小麦粉	1 kg	2100 L

（環境省のホームページをもとに作成。）

資料３【身の回りの製品の生産に必要な水の量】

製品	単位量	生産に必要な水の量	製品	単位量	生産に必要な水の量
コート	1着	1269 L	エアコン	1台	5010 L
けい帯電話	1台	912 L	自転車	1台	1430 L
パソコン	1台	4030 L	自動車	1台	64670 L

（SUNTRY のホームページをもとに作成。）

資料４【世界の水の需要とその予測】

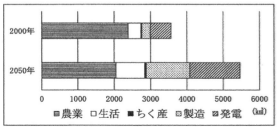

（OECD のホームページをもとに作成。）
（注） 需要 ＝ あるものを必要として求めること。
1 k㎥ ＝ 1000000000㎥

資料５【地域別１人１日あたりの生活用水使用量と将来見通し】

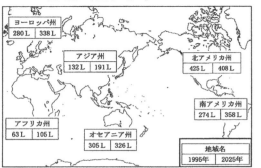

（国土交通省のホームページをもとに作成。）

資料６【世界の人々が飲み水として使う水の内訳（2017 年）】

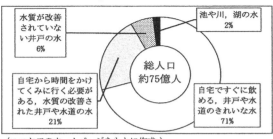

（ユニセフのホームページをもとに作成。）

適性Ｂ―２

2　中学生のあかりさんは，夏休みの期間を利用して，お父さん，お母さんと一緒に，家族3人でお父さんの実家である農家の祖父母の家に滞在する予定です。そして，その滞在中に1日だけ祖父母から農作業を頼まれました。そこで，あかりさんは家族3人で農作業を行う計画を立てることにしました。

　あかりさんは，昨年，家族で祖父母の農作業の手伝いをしており，農作業は，まず植えられている作物の中で，収穫できるものを確認して収穫し，次に，仕分けと箱詰めをして，最後に市場へ出荷するという順番で行われるということを知っていました。

収穫　　　　　　　　　　仕分けと箱詰め　　　　　　　　　出荷

　計画を立てる準備として，あかりさんは，祖父母に話を聞き，資料1【農園の情報】，資料2【農作業の条件】をまとめました。さらに，あかりさん自身の昨年の経験をもとに考えて，資料3【家族3人が行うことのできる農作業とその作業量】をまとめました。

　あなたがあかりさんなら，まとめた資料1～3をもとにどのような計画を完成させますか。《記入方法》に従って，作物の収穫，仕分けと箱詰め，出荷の計画を立てなさい。ただし，農作業は7時30分から開始し，17時までに終了することとします。また，家族3人とも11時30分～13時に昼休憩をとる計画を立てており，そのことはあらかじめ〔家族の計画表〕に記入しています。

資料1【農園の情報】

・作物の種類は，トマト，レモン，ブルーベリーの3種類がある。
・トマト畑には，トマトが8列並べて植えられている。
・ビニールハウスの中には，レモンの木が20本植えられている。
・ブルーベリー畑には，ブルーベリーの木が50本植えられている。
・祖父母の家，トマト畑，ビニールハウス，ブルーベリー畑，仕分けと箱詰めをする場所は，近くにあるため，それぞれの場所への移動時間は考えなくてよい。

資料２【農作業の条件】

- トマト畑，ビニールハウス，ブルーベリー畑に植えられているすべての作物について，収穫，仕分けと箱詰めをする。
- 仕分けと箱詰めは，収穫をすべて終えた作物からできる。
- トマトとレモンは農作業を行う当日に市場へ出荷するが，ブルーベリーは当日には出荷しない。

資料３【家族３人が行うことのできる農作業とその作業量】

＜収穫について＞
- 収穫は，家族３人全員が行うことができる。
- お父さん，お母さん，あかりは，それぞれの作物について，表１【１時間あたりに収穫できる量】にあるように，作業時間内に休憩する時間も含めて考えた上で，その時間に応じた量だけ収穫することができる。

表１【１時間あたりに収穫できる量】

	トマト	レモン	ブルーベリー
お父さん	２列分	８本分	２０本分
お母さん	１列分	４本分	２０本分
あかり	１列分	４本分	１０本分

＜仕分けと箱詰めについて＞
- 仕分けと箱詰めは，トマトとレモンをお父さんが１人で行い，ブルーベリーをお母さんとあかりの２人で同時に行う。
- お父さん，お母さんとあかりは，それぞれの作物について，表２【１時間あたりに仕分けと箱詰めできる量】にあるように，その時間に応じた量だけ仕分けと箱詰めをすることができる。

表２【１時間あたりに仕分けと箱詰めできる量】

	トマト	レモン	ブルーベリー
お父さん	４列分	１０本分	
お母さんとあかり			２人で２５本分

＜出荷について＞
- お父さんのみが出荷の作業を行うことができる。
- トマトの出荷は１６時〜１７時に行い，レモンの出荷は１３時〜１４時に行う。この時間の中には，農園と市場との往復の移動や，市場内での荷おろしの作業の時間も含む。

適性Ａ―５

《記入方法》

- 農作業の計画は7時30分から17時まで30分ごとに書き入れること。
- 農作業は，表3【農作業の省略した書き方】のように，省略した書き方で表すこと。

表3【農作業の省略した書き方】

農作業	省略した書き方
トマトの収穫	ト収
レモンの収穫	レ収
ブルーベリーの収穫	ブ収
トマトの仕分けと箱詰め	ト仕
レモンの仕分けと箱詰め	レ仕
ブルーベリーの仕分けと箱詰め	ブ仕
トマトの出荷	ト出
レモンの出荷	レ出

- 1つのマス目には1つの農作業のみを書き入れること。
- 1つの農作業が30分を超えて続く場合は，〔家族の計画表〕の昼休憩と同じように，開始時刻のマス目に農作業を，省略した書き方で表し，終了時刻のマス目まで矢印を書くこと。
- 農作業が30分で終わる場合は，開始時刻のマス目に農作業を，省略した書き方で表すこと。

〔家族の計画表〕

	お父さん	お母さん	あかり
7:30			
8:00			
8:30			
9:00			
9:30			
10:00			
10:30			
11:00			
11:30			
12:00	昼休憩↓	昼休憩↓	昼休憩↓
12:30			
13:00			
13:30			
14:00			
14:30			
15:00			
15:30			
16:00			
16:30			
17:00			

K 教英出版

令和2年度

適 性 検 査 A
（9：30〜10：15）

注　　意

1　検査開始のチャイムがなるまで開いてはいけません。

2　問題用紙の1ページから6ページに，問題が 1 から 2 まであります。

　これとは別に解答用紙が1枚あります。

3　問題用紙と解答用紙に受検番号を書きなさい。

4　答えはすべて解答用紙に記入しなさい。

広島叡智学園中学校

受検番号	第　　　　　番

1　小学校６年生の努（つとむ）くんの家庭では，お父さんとお母さんと努くんの３人で，夏休みの家族旅行の計画を立てています。この旅行では，Ａ市で開催（かいさい）される国際スポーツ競技大会の観戦とＡ市の観光を予定しており，Ａ市での旅行の期間は６日間です。そこで，努くんは旅行の計画を立てるために必要な情報をまとめています。

　国際スポーツ競技大会ではいろいろな競技が行われるため，まずは，お父さんとお母さんに観戦したい競技の希望を３つずつ聞き，そして，努くんが観戦したい３つの競技と合わせて【観戦の希望表】に整理しました。次に，競技が行われる場所と日程を【競技の場所と日程表】に，また，チケット価格を【競技の１人分のチケット価格表】に整理しました。最後に，【計画を立てるための条件】を整理しました。

　あなたが努くんなら，どのような６日間の旅行の計画を立てますか。旅行の日にちと予定を，解答用紙の≪解答の記入方法≫にしたがって書きなさい。また，観戦する競技の３人分のチケット代の合計，宿泊代（しゅくはく）の合計，さらに，それらの合計を書きなさい。なお，計画を立てる際は，【計画を立てるための条件】のすべてを満たすようにすること。

【観戦の希望表】

お父さん	お母さん	努
ボート	サッカー	サーフィン
マラソン	トライアスロン	バスケットボール
ラグビー	ハンドボール	バレーボール

【競技の場所と日程表】

競技	場所	7月										8月			
		22	23	24	25	26	27	28	29	30	31	1	2	3	4
		水	木	金	土	日	月	火	水	木	金	土	日	月	火
バスケットボール	屋内エリア	○			○			○		○					
バレーボール	屋内エリア			○				○							○
ハンドボール	屋内エリア			○					○		○				
サーフィン	海岸エリア						○		○					○	
トライアスロン	海岸エリア		○								○				
ボート	海岸エリア					○					○				○
サッカー	競技場エリア	○		○			○					○			
マラソン	競技場エリア							○					○		
ラグビー	競技場エリア					○						○			○

（注）○印は，競技が行われる日

適性Ａ―１

【競技の1人分のチケット価格表】

競技	チケット価格（円）
バスケットボール	5600
バレーボール	5900
ハンドボール	4500
サーフィン	3000
トライアスロン	3500
ボート	3800
サッカー	4800
マラソン	2300
ラグビー	4300

【計画を立てるための条件】

・3人それぞれが希望する競技の中から，2つずつ選び合計6つの競技を3人で観戦する。

・屋内エリア，海岸エリア，競技場エリアそれぞれの中から，2つずつ選び合計6つの競技を観戦する。

・6日間のうち，初日と最終日は，1つの競技のみを観戦する。

・6日間のうち，2日目から5日目は，同じエリアで行われる競技であれば1日に2つの競技を観戦することができる。

・2日目から5日目のうち1日以上は，競技を観戦せず，A市を観光する日を計画に入れる。

・6日間の旅行中は，1日目から5日目までの5日間をホテルに宿泊する。大人2人と子供1人の合計3人の宿泊料金は，1泊12000円で，金曜日と土曜日は宿泊料金が5割高くなる。

・3人分のチケット代と宿泊代の合計は15万円以内とする。

適性A－2

2　英夫くんが通う中学校では，冬に海外からの留学生を学校に招いて交流会を行うことを予定しています。英夫くんと知子さんと学くんは交流会の運営メンバーに立候補し，留学生と一緒に楽しむ企画を考えているところです。次の会話を読んであとの問いに答えなさい。

知子さん「どんな企画なら留学生に喜んでもらえるかな。」
英夫くん「何か体験できるものがいいね。」
学くん　「日本の伝統的な遊びであるコマ回しはどうかな。」
英夫くん「いい考えだね。世界にもいろいろなコマがあるよね。せっかくだから，留学生とも，一緒にコマを作るところからやってみようよ。」
知子さん「ところで，コマってどうやって作るの。」
学くん　「僕は小学校のとき，つまようじと牛乳パックで作ったことがあるよ。」
英夫くん「少し前に，金属を使ってコマを作っているテレビ番組を見たんだけど，とても長い時間回っていて楽しそうだったよ。」
学くん　「金属のコマってどんなコマなの。想像がつかないな。」
英夫くん「インターネットで調べたら出てこないかな。」
知子さん「みんな見て。こんな写真が見つかったよ。」
学くん　「これなら僕たちにも簡単に作れそうだね。このコマを作って遊ぼうよ。」

【インターネットで調べた写真】

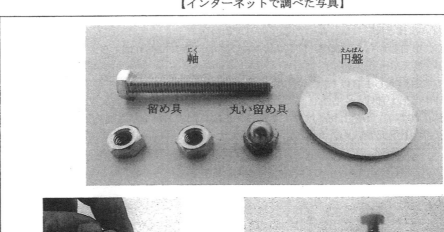

組み立てたコマ

回っているコマ

適性A―3

適 性 検 査 B

（１０：３５～１１：２０）

注　　　意

1　検査開始のチャイムがなるまで開いてはいけません。

2　問題用紙の１ページから２ページに，問題が 1 から 2 まであります。

　これとは別に解答用紙が１枚あります。

3　問題用紙と解答用紙に受検番号を書きなさい。

4　答えはすべて解答用紙に記入しなさい。

受検番号	第　　　　　　番

1 次の文章は、獣医師の田向健一さんが書いた「生き物と向き合う仕事」の一部です。これを読んで、あとの問いに答えなさい。

道具のことに限らず、手術でも診察でも「ちょっとした違和感」があったとき、僕はその気持ちを大事にするようにしている。手術で「こういう角度でやっていて、どうもやりにくい」というとき、「やりにくい」と思いながら続けるのではなく、少し角度を変えて見てみたり、道具の持ち方を変えたりしてやりやすい方法はないかと工夫する。

当たり前と言えば当たり前なのだが、自分のやり方や既存のものに慣れてしまうと、「やりにくいな」と思っても、その状況をなかなか変えることができない。これは、子どもが体を斜めにした字を書いて、「うまく書けない」と言うのに似ている。体を少し起こしてみれば、ずっと書きやすくなる。でも斜めに書く習慣がついてしまっていると、そのことに気づけない。だから、うまくいかないことに違和感を覚えて、自分を変えてゆくという気持ちが大事だと思う。

なぜそう思うようになったかと考えてみると、僕は小さいときから動物をたくさん飼っていた。動物を飼うという趣味の世界は、学校の勉強とは全然違う。教育の過程にいるとたくさん覚えるべきことがあり、それらをちゃんと学んでいけば、一つの答えに行きつく。でも、飼育書もないような珍しい動物を飼う方法は誰もその答えを知らない。だから自分の頭でいろいろ考えなければならない。中でも、大好きでいろいろな色のカエルを飼っていたとき、それらのカエルをどうしたら生かせるのか、さまざまな方法を考案した。

たとえば、フクラガエルというアフリカの小さなカエルがいる。カエルと言えば湿らせて飼うのが常識なので、普通のカエルを飼うように湿らせたミズゴケで飼っていたら、一週間ほどで死んでしまった。なんで死んでしまったのだろうといろいろ調べてみると、フクラガエルはアフリカの乾燥したところに棲んでいることがわかった。そこでホームセンターに行き、アフリカにありそうな土を選んで買ってきて、その土を湿らせずに乾燥したままの状態にしてカエルを入れた。するとそのカエルはずっと生き続けた。初めて日本に輸入されたときはそんな情報はなかったのだ。

それは日本で初めて、フクラガエルの長期飼育に成功した例だと思う。その頃僕は大学四年生で、爬虫類専門誌に飼育方法の記事を書いた。その後、このカエルは乾燥したパサパサの土で飼うことが「常識」となった。

多くの人は、既存のものの方がすばらしくて、自分の考えは劣っていると考えるかもしれない。でも、本当はそんなことはない。子どもが抱く疑問にも、じつはものすごいことを含んでいるときがある。たとえば、ダンゴムシはあるウイルスに感染すると紫色になることが知られているが、そのダンゴムシは健康な色のダンゴムシと比較して行動がおかしいことを、中学生が発見したこともあった。

大人になると、子どもの頃の発想や素朴な気持ちを忘れがちで、つい「常識」にとらわれてしまう。でもそういう素朴な気持ちを忘れない方がいい。そこにたくさんの発見があると、僕は思う。

（田向健一「生き物と向き合う仕事」ちくまプリマー新書）

（注）既存＝以前からあること。

爬虫類＝カメ・ヘビ・ワニ・トカゲなどのなかまの動物。

（問い）
あなたは、この文章を通して、筆者が伝えたいことは何だと考えますか。また、筆者の伝えたいことに対して、あなたはどのような考えをもちましたか。次の条件にしたがって書きなさい。

（条件）
・この文章を通して、筆者の伝えたいことを書くこと。
・筆者の伝えたいことに対する自分の考えについて、これまでの経験をふり返り、具体例をあげながら書くこと。
・300字以上400字以内にまとめて書くこと。

適性B―1

(6)

(5)

2

(4)

(3)

(2)

(1)

適性検査B　解答用紙

受　検　番　号
第　　　　　番

200
字

100
字

得　　　点

※100点満点
（配点非公表）

2

選んだ資料の番号

400
字

適性検査 A　解答用紙

※100点満点
（配点非公表）

得
点

旅行の計画					

≪解答の記入方法≫

・日にちの欄には，6日間の旅行の日にちと曜日を書きなさい。　　記入例：8月1日土曜日　→　8／1（土）

・予定の欄には，観戦する競技名を書きなさい。ただし，2つの競技名が入る場合もある。また，競技を観戦せず，A市を観光する日には「観光」と書きなさい。

	1日目	2日目	3日目	4日目	5日目	6日目
日にち	／　（　　）	／　（　　）	／　（　　）	／　（　　）	／　（　　）	／　（　　）
予定						

チケット代の合計		円
宿泊代の合計		円
合計		円

2 華さんのクラスでは社会科の授業で、「持続可能な社会」をテーマに、「未来にわたって、より多くの
人々が豊かな生活を送るためにはどうすればよいか」について学習しています。そして華さんは学習発
表会に向けて、「持続可能な社会」というテーマの中でも、特に環境問題について調べることとし、次
の資料1〜4を集めてきました。また、さまざまな発電方法の特徴を資料5のように整理しました。
そしてこれらの資料を使い、将来の社会に向けての取り組みを提案することにしました。

あなたが華さんなら、「持続可能な社会」の実現に向けて、どのような課題があると考え、どのような
解決策を提案しますか。資料1〜5の中から、複数の資料を関連付けながら活用し、文章で書きなさい。
なお、解答用紙の所定の欄に、あなたが選んだ資料の番号を書くこと。

資料1【世界の二酸化炭素排出量にしめる二酸化炭素排出量の多い国（上位7カ国）の変化】

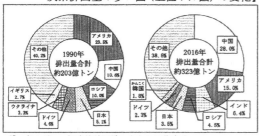

（「エネルギー・経済統計要覧」をもとに作成。）

資料2【二酸化炭素排出量が多い国の発電方法別発電量の割合（2016年）】

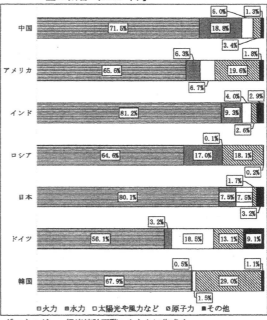

（「エネルギー・経済統計要覧」をもとに作成。）

資料3【日本国内における部門別二酸化炭素排出量の割合の推移】

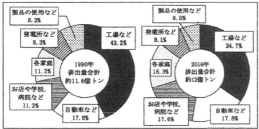

（国立環境研究所のデータをもとに作成。）

資料4【環境問題で重要だと考えること（日本国内におけるアンケートの結果）】

○日本が、世界に向けて、環境の面から積極的に貢献したり、関与したりすること
○大量消費・大量廃棄型の生活様式を改めること
○地域で協力して環境の保全活動に取り組むこと
○環境に配慮した製品やサービスを選ぶこと
○一人一人が環境に配慮した行動をとること

（環境省「環境にやさしいライフスタイル実態調査報告書」をもとに作成。）

資料5【さまざまな発電方法の特徴】

	火力	水力	太陽光	風力	原子力
発電の時の二酸化炭素	たくさん出る	出ない	出ない	出ない	出ない
発電量	発電量を調節しやすい	発電量が雨の量などに左右される	発電量が天候に左右される	発電量が風の状態に左右される	少ない燃料で大きな電力が得られる
その他の特徴	水力や原子力と比べて、施設を建設しやすい	ダムを建設するときに、環境への影響が大きい	住宅の屋根や学校の屋上などでも発電できる	施設から出る音の被害を防ぐため、住宅地から離れた場所に施設を建設する必要がある	事故が起きたときの被害が大きい

適性B—2

K 教英出版

【適

知子さん「せっかくなら，より長い時間回るコマを作りたいね。どんなコマを作れば長い時間回るのかな。」

英夫くん「予想だけど，円盤の大きさが関係あるんじゃないかな。」

学くん　「円盤の重さのバランスや円盤を軸に取り付ける位置も関係ありそうだよね。」

知子さん「コマの重さは影響しないのかな。」

英夫くん「じゃあ，より長い時間回るコマを作るための条件をそれぞれ予想してみようよ。」

【３人の予想】

＜英夫くん＞
  ・円盤の内側が重い方が長く回る。
  ・円盤の大きさは，小さい方が長く回る。
＜知子さん＞
  ・コマの重さは，重い方が長く回る。
  ・円盤の大きさは，大きい方が長く回る。
＜学くん＞
  ・円盤の外側が重い方が長く回る。
  ・軸に取り付ける円盤の位置は，低い方が長く回る。

知子さん「いろいろな予想が出てきたね。誰の予想が正しいのかな。」

学くん　「実際にコマを作って回して調べてみようよ。」

英夫くん「それは楽しそうだね。じゃあ，次の日曜日にみんなでコマの材料を買いに行こうか。」

知子さん「でも，予想を確かめるためには，どんなコマを作ったらいいのだろう。」

英夫くん「そうだね。予想を確かめるために，どんなコマを作るのかを考えてから買い物に行ったほうがいいね。」

学くん　「コマに使えそうな材料を調べてみたよ。そして，それぞれの材料を真上から見た図と真横から見た図も調べてみたよ。」

【材料の種類】

円盤	材料Ａ	重さ10g, 厚さ３mm, 直径60mm の円盤
	材料Ｂ	重さ10g, 厚さ３mm, 直径40mm の円盤
	材料Ｃ	重さ15g, 厚さ３mm, 直径60mm の円盤
	材料Ｄ	重さ10g, 厚さ３mm, 直径60mm の円盤（外側が鉄，内側が木）
	材料Ｅ	重さ10g, 厚さ３mm, 直径60mm の円盤（外側が木，内側が鉄）
軸	材料Ｆ	長さ50mm の軸
留め具	材料Ｇ	円盤を軸に固定する留め具
	材料Ｈ	軸の先に使う丸い留め具

【材料の図】

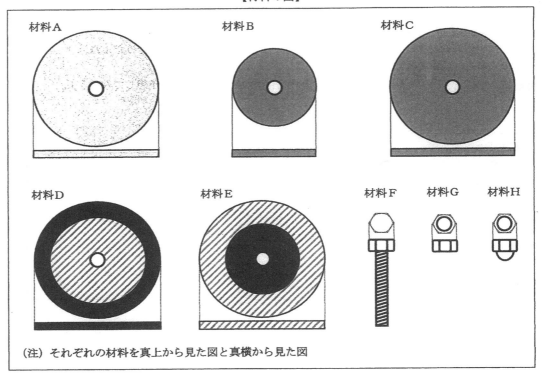

材料A　材料B　材料C

材料D　材料E　材料F　材料G　材料H

(注) それぞれの材料を真上から見た図と真横から見た図

知子さん「たくさんの種類の材料があるのね。なんかワクワクしてきたわ。」

学くん　「これだけの種類の材料がそろうなら，１人の予想につき３個のコマを作れば，その予想が正しいかどうかを確かめることができるね。」

知子さん「えっ，どんなコマを作ったら，３個のコマで調べることができるの。」

英夫くん「僕もよく分からないから詳しく説明してよ。」

学くん　「例えば，（１）の予想を確かめようと思えば，（２）と（３）と（４）の３個のコマを作るんだ。なぜなら，（５）だからね。その３個のコマを，それぞれ５回ずつ回して，回った時間の長さの平均を調べたらいいんだよ。仮に（１）の予想が正しかったとしたら（６）という結果になるよね。」

(問い)　学くんが，英夫くんと知子さんに行った説明を完成させなさい。ただし，（１）には，英夫くん，知子さん，学くんのいずれかの名前を書きなさい。そして，（２）～（４）には，次の【材料から作ることができるコマ】の あ ～ こ の中から，１つずつ選び記号を書きなさい。ただし，（２）～（４）の答えは順番を問わない。さらに，（５）には，（２）～（４）の３個のコマを選んだ理由を書きなさい。最後に，（６）には，仮に（１）の予想が正しかったとすれば，（２）～（４）の３個のコマの回った時間の平均を比べたとき，その結果がどうなるかを書きなさい。なお，材料以外の条件はすべて同じものとする。

適性A―5

【材料から作ることができるコマ】

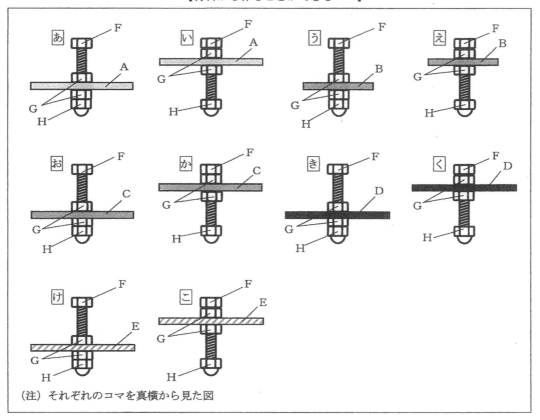

（注）それぞれのコマを真横から見た図

平成31年度

適 性 検 査 A

（9：30〜10：15）

注　　意

1　検査開始のチャイムがなるまで開いてはいけません。

2　問題用紙の１ページから５ページに，問題が 1 から 2 まであります。

　これとは別に解答用紙が２枚あります。

3　問題用紙と解答用紙に受検番号を書きなさい。

4　答えはすべて解答用紙に記入しなさい。

広島叡智学園中学校

受検番号	第　　　　　番

1 　真司さんのクラスでは，総合的な学習の時間に，自分たちが住んでいる町を紹介するパンフレットをグループごとに作成します。真司さんのグループは，この町の観光地について紹介することになり，グループの中での真司さんの役割は，自分たちでは気づかないこの町の観光地の魅力について観光客から聞き取ってまとめることです。そこで真司さんは，観光客が多く訪れる，城，植物公園，美術館，神社の4つの観光地に実際に行って，観光客にインタビューを行おうと考え，その計画を立てることにしました。そのため，【それぞれの場所を移動するときの方法と所要時間についてまとめた図】を作成し，【電車の時刻表】，【バスの時刻表】を調べるとともに，【計画を立てるための条件】をまとめ，メモに整理しました。

　　あなたが真司さんなら，それぞれの観光地にどのような順番で行き，観光客にインタビューを行いますか。移動する順番，家に帰ってくる時刻，乗車する電車またはバスの出発時刻・到着時刻とその駅の名前，それぞれの観光地でインタビューする観光客の人数を，あとの≪解答用紙への記入方法≫にしたがって書きなさい。なお，計画を立てる際は，【計画を立てるための条件】のすべてを満たすようにすること。

【それぞれの場所を移動するときの方法と所要時間についてまとめた図】

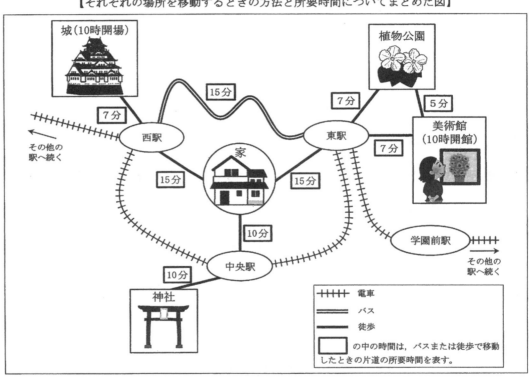

【電車の時刻表】

西駅→中央駅→東駅→学園前駅の区間を抜き出したもの

西駅	9:00	9:30	10:00	10:30	11:00	11:30	12:00	12:30	13:00	13:30	14:00	14:30
中央駅	9:10	9:40	10:10	10:40	11:10	11:40	12:10	12:40	13:10	13:40	14:10	14:40
東駅	9:20	9:50	10:20	10:50	11:20	11:50	12:20	12:50	13:20	13:50	14:20	14:50
学園前駅	9:25	9:55	10:25	10:55	11:25	11:55	12:25	12:55	13:25	13:55	14:25	14:55

学園前駅→東駅→中央駅→西駅の区間を抜き出したもの

学園前駅	9:10	9:40	10:10	10:40	11:10	11:40	12:10	12:40	13:10	13:40	14:10
東駅	9:15	9:45	10:15	10:45	11:15	11:45	12:15	12:45	13:15	13:45	14:15
中央駅	9:25	9:55	10:25	10:55	11:25	11:55	12:25	12:55	13:25	13:55	14:25
西駅	9:35	10:05	10:35	11:05	11:35	12:05	12:35	13:05	13:35	14:05	14:35

（注）例えば，9:10 は，9 時 10 分を表す。

【バスの時刻表】

時間	西駅発東駅行き 出発時刻（分）		東駅発西駅行き 出発時刻（分）	
9時	10	40	20	50
10時	10	40	20	50
11時	10	40	20	50
12時	10	40	20	50
13時	10	40	20	50
14時	10	40	20	50

【計画を立てるための条件】

・9 時に家を出発し，14 時 30 分までに家に帰る。
・12 時〜12 時 30 分の 30 分間は，いずれかの駅で昼休けいをとる。
・城，植物公園，美術館，神社の 4 か所すべての観光地を訪問し，インタビューを行う。
・それぞれの観光地で 2 名以上，合計で 17 名以上の観光客にインタビューを行う。
・城，美術館については，10 時からインタビューを行うことができる。
・インタビューに必要な時間は，インタビューする観光客を見つける時間も含めて，観光客 1 人あたり 10 分間とする。
・電車やバスに乗る場合，または乗りかえる場合，その駅に出発時刻の 2 分前には到着する。

≪解答用紙への記入方法≫

・解答用紙の「家 →」に続けて，移動する順に，駅の名前または訪れる観光地の名前をすべて記入すること。なお，昼休けいをとる駅の名前を 1 つ，〇で囲むこと。
・最後は解答用紙の「→ 家」に続くように記入すること。ただし，移動の途中で家を通過する場合は，移動する順番の中に家を記入すること。
・家に帰ってくる時刻を記入すること。
・電車またはバスに乗車する場合には，解答用紙の例にしたがって，その出発時刻と到着時刻，出発と到着の駅の名前を記入すること。
・それぞれの観光地でインタビューする観光客の人数を記入すること。

適性A—2

2 　武志さんが通う中学校では，来月，交流がある海外の学校から生徒が訪問する予定となっています。
　訪問当日は，交流活動の１つとして，グループごとに海外の生徒と一緒に昼食を作り，食事をする予定です。次の会話は，そのときの献立を考えているとき，武志さんが同じグループの美咲さんと話したものです。あとの１・２に答えなさい。

武志「海外の学校のみんなと交流できるのは楽しみだね。どんなものを食べたいのかな。」
美咲「やっぱり日本に来るのだから，和食を食べてみたいんじゃないかな。」
武志「そうだね。それなら，今までに，家庭科の調理実習で作ったことがある和食の中から選んで献立を考えてみたらどうかな。」
美咲「いいと思うよ。家庭科の授業で使った学習プリントに，【調理実習で作ったことのある料理についてまとめた表】があったよね。」
武志「そうだったね。たしか，この表じゃない。」
美咲「うん。この表から，料理を選んで献立を立てることにしよう。そのときには，先生から示された【献立を立てるときの条件】を満たしていないといけないよね。」
武志「【献立を立てるときの条件】の条件①の主菜と副菜って，おかずのことだったよね。」
美咲「そうだよ。汁物とともに，それぞれ１つずつ選ぶ必要があるみたいね。」
武志「条件③の材料費を考えるためには，先生が示してくれた【食品の量と値段の表】を使うんだよね。」
美咲「そうだね。みそや酢などの調味料は，調理実習室にあるものを自由に使うことができるって先生が言っていたから，値段を考える必要はないんだよね。ところで，１人分の材料費を考えるときに，例えば，米のように実際には２kgも使わない場合など，それぞれの食品の余りについては，どのように考えればいいのかな。」
武志「先生が，食品は余っても他のクラスの実習でも使うから，余りは考えずに，１人分の材料費を計算していいって言っていたよ。」
美咲「ありがとう。武志さんが，海外の学校のみんなに食べてもらいたいものを，【調理実習で作ったことのある料理についてまとめた表】をもとに献立を考えてみて。」
武志「『ご飯，さばのみそ煮，きんぴらごぼう，キャベツと油あげのみそ汁』はどうかな。」
美咲「条件①～③を満たしているか確認してみよう。」

適 性 検 査 B
（10：35～11：20）

注　　意

1　検査開始のチャイムがなるまで開いてはいけません。

2　問題用紙の1ページから2ページに，問題が □1 から □2 まであります。

　これとは別に解答用紙が2枚あります。

3　問題用紙と解答用紙に受検番号を書きなさい。

4　答えはすべて解答用紙に記入しなさい。

受検番号	第　　　　　番

1 次の文章は，野中健一さんが書いた「虫食む人々の暮らし」の一部です。これを読んで，あとの問いに答えなさい。

「虫を食べる」と言えば、ゾッとする人、露骨にいやがる人も多い。頭では納得しても、いざじっさいの場面となり、目の前にすると露骨にいやがる個人の好き嫌いはあって当然だ。形を拒否する者が多いのも理由として当然だ。ただそこで、なぜ形によって嗜好が違うのだろうという疑問を持つことが、文化を考えていくきっかけになるのだ。それを、「私たちの文化では虫を食べない」「日本人としては食べるものではない」など、根拠がふたしかなまま「私たち」や「日本人」という一般化をはかって自分が食べられない理由を標準化することは、そうでない人たちを排除する姿勢にもつながりかねない。このような安易な一般化は危なっかしい。地域や文化を考える上で陥らないよう気をつける点である。これでは、仕方なく食べていると受け取られてしまう。

昆虫を食べるのは、「貧しいからだ」「他に食べものがないからだろう」「海から離れて魚がないからだ」、このようなよく言われる理由づけは、いずれもみずからの食生活を正の基準として、昆虫食はそれよりも劣ったものとしてとらえる、一面的な見方から来るものではないだろうか。また、虫を食べる人自身も、しばしばその理由を「貴重なタンパク源」という言葉で説明してしまう。

虫を「美味しい」と受け入れる感覚も、逆に「不味い」「嫌い」と拒否する感覚も、個人の嗜好に基づくように見えて、実は社会的あるいは文化的文脈の中に組み込まれている。昆虫食も各地で行われてきた慣行として成り立っている。それは、地域の社会の中で一つの価値観として共有されている。すなわち、「当たり前」のものなのだ。「当たり前」の美味しさは、ある社会を理解する糸口にもなる。イモムシやカメムシを食べたことのない人から見れば、それらを食べることにゾッとするかもしれない。スズメバチに挑み、家で飼育するなどということも、危険この上ないと心配するかもしれない。「食べたことがある」あるいは「食べることを知っている」という虫から、身近にいても食べることなど思いもよらないような虫まで、「食べる」か「食べない」かという単純な価値観と行為の違いから、昆虫とその背後の社会を見るきっかけができる。

（注）

露骨＝あからさまなこと。

拒否＝たのまれたことなどを断ること。

嗜好＝好み。

一般化＝特別でないようにすること。

文脈＝物事の背景。

慣行＝以前からのならわしとして行われていること。

（問い）

あなたは，この文章を通して，筆者が主張したいことは何だと考えますか。また，筆者の主張に対して，あなたはどのような考えをもちましたか。次の条件にしたがって書きなさい。

（条件）
・この文章を通して，筆者が主張したいことを書くこと。
・筆者の主張に対する自分の考えについて，これまでの経験や学習内容などから具体例をあげて書くこと。
・300字以上400字以内にまとめて書くこと。

適性B—1

2019(H31) 広島叡智学園中
K教英出版

2019(H31) 広島叡智学園中

Ｋ教英出版

2

＜提案する献立＞

＜提案する献立が資料２の条件①〜③のすべてを満たしていることの説明＞

2

適性検査B　解答用紙（その１）

受　検　番　号

第　　　　番

※100点満点
（配点非公表）

得　　　点

100
字

2

適性検査Ｂ　解答用紙　（その２）

受 検 番 号	
第	番

400
字

300
字

適性検査 A　解答用紙（その2）

1	＜武志さんが考えた献立について，資料2のそれぞれの条件を満たしているか満たしていないかの説明＞

※100点満点
（配点非公表）

適性検査 A　解答用紙（その1）

得点

1

＜移動する順番＞　　必要に応じて（　　　　　　）や→を追加すること。

家　→　（　　　　　　　）　→　（　　　　　　　）　→

→　家

家に帰ってくる時刻	（　　　　　）時（　　　　　）分	

＜乗車する電車またはバスの出発時刻・到着時刻とその駅の名前＞

（例）　9時00分（　西駅　）　→　9時10分（　中央駅　）

＜それぞれの観光地でインタビューする観光客の人数＞

2 千夏さんのクラスでは，総合的な学習の時間で，「よりよい町づくり」というテーマで班ごとに自分たちの住んでいるＡ町の課題を見つけて解決する学習をしています。そして，その学習を通して考えたＡ町の課題とその解決策を町長さんに提案しようと考えています。

千夏さんの班では，まず，「Ａ町のよいと思うところ」について話し合いをしました。そして，「Ａ町のよいと思うところ」を次のようにまとめました。

（千夏さんの班での話し合いのまとめ）

Ａ町のよいと思うところ
・水や空気がきれいなところ
・新鮮な野菜がとれるところ
・四季の風景がきれいなところ
・釣りや登山を楽しめる場所が近いところ
・伝統文化が受けつがれているところ
・地域行事にみんなが積極的に参加するところ
・住民同士がお互いに声をかけ合ったり，助け合ったりしながら暮らしているところ

次に千夏さんたちは，Ａ町の状況について調べるために，Ａ町のホームページを見て，資料１・２のグラフを見つけました。資料１は【Ａ町の人口の変化】のグラフです。また，資料２は【Ａ町の年代別の人口の割合の変化】のグラフです。さらに，Ａ町の状況をよりくわしく調べるために，Ａ町に住むさまざまな年代の人に，「Ａ町での生活で困っているところ」についての意見を聞きました。資料３は【Ａ町に住むさまざまな年代の人に対する聞き取り調査の結果】です。

あなたが千夏さんの班の一人なら，Ａ町にどのような課題があると考え，どのような解決策を提案しますか。資料１〜３から２つ以上の資料を用いて，あなたの考えるＡ町の課題と，「Ａ町のよいと思うところ」をふまえた解決策を，文章にまとめて書きなさい。

資料１【Ａ町の人口の変化】

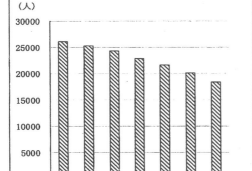

資料２【Ａ町の年代別の人口の割合の変化】

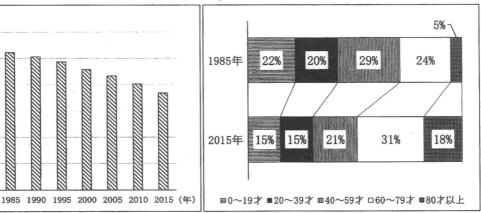

資料３【Ａ町に住むさまざまな年代の人に対する聞き取り調査の結果】

Ａ町での生活で困っているところ
・働くところが少ないところ
・スーパーマーケットなどの買い物のできるところが少ないところ
・交通の便が悪いところ
・病院や薬局が少ないところ
・遊ぶための施設があまりないところ
・学校までが遠いところ
・空き家や空き地が増えてきているところ

適性Ｂ─2

K 教英出版

資料1 【調理実習で作ったことのある料理についてまとめた表】

	料理名	材料となる食品（1人分）			1人分の エネルギー
		おもにエネルギーの もとになる食品	おもに体をつくる もとになる食品	おもに体の調子を整える もとになる食品	
主食	ご飯	米　　　100g			358 kcal
主菜	とり肉と だいこんの煮物		とり肉　　100g	だいこん　200g	362 kcal
	さばのみそ煮		さば　　　80g	ねぎ　　　50g	329 kcal
	なすとピーマンの みそいため			なす　　　70g ピーマン　25g	220 kcal
副菜	青菜のごまあえ	ごま　　　3g		ほうれんそう　60g	46 kcal
	きんぴらごぼう			ごぼう　　50g にんじん　20g	65 kcal
	きゅうりと わかめの酢の物		かんそうわかめ　0.5g	きゅうり　50g	17 kcal
汁物	キャベツと 油あげのみそ汁		油あげ　　10g	キャベツ　30g	65 kcal
	かきたま汁		卵　　$\frac{1}{4}$　個	しいたけ　15g	39 kcal

(注) kcal は，キロカロリー。エネルギーの単位のこと。

資料2 【献立を立てるときの条件】

条件①　主食であるご飯のほかに，主菜，副菜，汁物はそれぞれ1つずつ料理を選んで，献立を
　　　　完成させる。
条件②　1人分のエネルギーの合計は，700kcal 以上 800kcal 以下とする。
条件③　1人分の材料費の合計は，300 円以下とする。

資料3 【食品の量と値段の表】

食品名	量とその値段	
	量	値段
米	2kg	1200円
とり肉	100g	92円
だいこん	1kg	180円
さば	100g	130円
ねぎ	100g	96円
なす	80g	72円
ピーマン	35g	21円
ごま	60g	97円
ほうれんそう	200g	160円
ごぼう	150g	213円
にんじん	150g	75円
かんそうわかめ	16g	320円
きゅうり	100g	60円
油あげ	30g	102円
キャベツ	1.2kg	137円
卵	10個	200円
しいたけ	100g	158円

適性A―4

1　美咲さんは，武志さんが考えた献立について，資料1・3をもとに，資料2の条件①〜③のすべてを満たしているか確認をしたところ，満たしていない条件があることに気がつきました。そこで美咲さんは，自分がどのように確認したかを武志さんに説明することにしました。あなたが美咲さんなら，それぞれの条件を満たしているか満たしていないかについてどのように説明しますか。その説明を数や式などを用いて書きなさい。なお，各食品の1人分の値段を求める場合には，小数第一位を四捨五入して，一の位まで求めること。

2　美咲さんは，武志さんが考えた献立の一部を変更し，資料2の条件①〜③のすべてを満たす献立を提案することにしました。あなたが美咲さんなら，どのような献立を提案しますか。提案する献立と，その献立が資料2の条件①〜③のすべてを満たしていることの説明を数や式などを用いて書きなさい。なお，各食品の1人分の値段を求める場合には，小数第一位を四捨五入して，一の位まで求めること。

適性A—5

【適

K 教英出版

【適